超好玩的思维游戏

CHAO HAO WAN DE

SI WEI YOU XI

变动4个箭头，变成10个正方形。

聪明谷益智工场 / 编

北京理工大学出版社
BEIJING INSTITUTE OF TECHNOLOGY PRESS

版权专有　侵权必究

图书在版编目（CIP）数据

超好玩的思维游戏/聪明谷益智工场编.—北京：北京理工大学出版社，2015.6
ISBN 978-7-5640-9849-0

Ⅰ.①超… Ⅱ.①聪… Ⅲ.①智力游戏 Ⅳ.①G898.2

中国版本图书馆CIP数据核字(2014)第238448号

出版发行／北京理工大学出版社有限责任公司
社　　址／北京市海淀区中关村南大街5号
邮　　编／100081
电　　话／(010)68914775（总编室）
　　　　　82562903（教材售后服务热线）
　　　　　68948351（其他图书服务热线）
网　　址／http：//www.bitpress.com.cn
经　　销／全国各地新华书店
印　　刷／北京紫瑞利印刷有限公司
开　　本／889毫米×1194毫米　1/24　　　　　　　　　　责任编辑／申玉琴
印　　张／6.5　　　　　　　　　　　　　　　　　　　　文案编辑／申玉琴
字　　数／267千字
版　　次／2015年6月第1版　2015年6月第1次印刷　　　　责任校对／周瑞红
定　　价／25.00元　　　　　　　　　　　　　　　　　　责任印制／边心超

图书出现印装质量问题，请拨打售后服务热线，本社负责调换

前言 PREFACE

怎么教育好孩子是家长、社会都高度关注的问题。我国向来是一个重视教育的国度，古代就有"孟母三迁"的动人故事。可着眼于实际，随着经济的快速发展，人们的生活节奏日益加快，每个家庭都为自己的生活奔波劳累，而孩子的教育问题往往被来自生活和社会的压力喧宾夺主，本应该得到重视的孩子却被忽视了。

久而久之，孩子由于缺乏跟父母沟通，常把自己的情感寄托在一些虚拟的世界中，如电视、网络等。当众多家长抱怨自己的孩子成绩下降、越来越难管时，可曾想过，当孩子们渴望亲情、渴望父母的陪伴时，得到的仅仅是电视、网络这些虚拟的东西。教育专家认为："儿童时代是孩子身心发展的黄金时代，特别需要健康向上的生活、学习环境，大量的网络和数码科技产品的侵入对孩子的成长危害极大。"父母是孩子最好的老师，孩子将自己的个人崇拜都寄托在自己的父母身上。作为父母，在为孩子提供舒适的物质生活的同时，不要忽视对孩子身心的培养。家长为孩子营造出健康温馨的生活环境，对孩子的健康成长意义匪浅。

游戏是儿童的主要活动，能培养儿童高尚的情操，引导儿童认识客观世界，促进儿童身心的发展，是对儿童进行全面教育的有效手段。父母和孩子一起玩游戏，不仅可以促进亲子感情，增强孩子对家庭的依赖感，而且可以让孩子日渐远离数码科技产品的侵害，有益孩子身体和心智的健康发展。

本套丛书的编者经过精心挑选，编写了以增进亲子感情、促进儿童身心发展为目的的系列亲子丛书。丛书挑选了8款益智游戏，内容贴近生活实际，通俗易懂，配图清晰，融汇了先进的早教理念、科学的益智方法。游戏不仅能够增进孩子与父母的感情，还能激发孩子无限的想象力和创造力，培养孩子动手动脑的好习惯。

本套丛书共 8 册：

1. 超好玩的魔术游戏
2. 超好玩的折纸游戏
3. 超好玩的成语接龙游戏
4. 超好玩的猜谜语游戏
5. 超好玩的思维游戏
6. 超好玩的数独游戏
7. 超好玩的找不同游戏
8. 超好玩的填字游戏

本套丛书具有以下特点：

1. 分类明确，配图清晰。本套丛书对游戏类型的分类明确，让人一目了然，并配合清晰的图片，能够让孩子和家长更加直观地接触游戏。

2. 贴近生活，通俗易懂。本套丛书中的益智游戏都与我们的日常生活息息相关，语言通俗易懂，孩子在做游戏的过程中能学习更多关于生活的技巧和知识。

3. 适用人群广，可读性强。本套丛书中的益智游戏不仅适用于孩子和父母之间的亲情互动，也可以作为上班族休闲娱乐的方式，使上班族在益智游戏中释放工作压力。

本套丛书能够在孩子教育方面给父母以帮助，可以使更多人学会从游戏中寻找乐趣。本套丛书在编写过程中得到了有关单位领导的支持和指导，在这里向他们致以敬意。由于编者的水平有限，书中难免有不妥甚至疏漏之处，恩请广大读者提出宝贵意见。

编　者

CONTENTS 目 录

Part 1 数字推理游戏 / 1

1. 丢失的数字 / 1
2. 一样的数字 / 1
3. 奇妙的九宫格 / 2
4. 巧补数字 / 2
5. 完美的数字摆放 / 3
6. 逃掉的数字 / 3
7. 填数字 / 4
8. 数数几只鸟 / 4
9. 正确的数字 / 4
10. 中间的空缺 / 5
11. 六边形与数字 / 5
12. 巧填数字 / 5
13. 找规律 / 6
14. 计算数字 / 6
15. 数字找茬 / 6
16. 排列数字 / 6
17. 换薯片 / 7
18. 真正的年龄 / 7
19. 小明的秘密 / 7
20. 最少几次能渡河 / 8
21. 老板女儿的年龄 / 8
22. 准确的到站时间 / 8
23. 鸡兔同笼 / 9
24. 李白沽酒 / 9
25. 消失的50元钱 / 9
26. 机智的爸爸 / 10
27. 石头有多重 / 10
28. 同样的概率 / 10
29. 候车厅的时间 / 11
30. 分苹果 / 11
31. 为难的小红 / 11
32. 两支蜡烛 / 12
33. 猫兔赛跑 / 12
34. 称量水果 / 12
35. 几个酒徒比酒量 / 13
36. 填数字 / 13
37. 找规律 / 13
38. 补充空白 / 14
39. 袋子里的苹果 / 14
40. 迷信的将军 / 14
41. 猜数字游戏 / 15
42. 计算年龄 / 15
43. 有多少硬币 / 15
44. 弹珠有多少 / 16
45. 1元钱去哪里了 / 16
46. 平均速度 / 16
47. 丢番图生平 / 17
48. 盈利多少 / 17
49. 不公平的骰子 / 18
50. 老虎和天鹅 / 18
51. 玩具店的奥妙 / 18
52. 叔叔家的晚餐 / 19
53. 赛马 / 19
54. 消失的十文钱 / 19
55. 狡猾的狐狸 / 20
56. 招生计划 / 20

57. 步行比乘车快多少 / 20
58. 平分苹果 / 21
59. 猫咪有几只 / 21
60. 解密码 / 21
61. 小明被坑了吗 / 22
62. 稳赚的爸爸 / 22
63. 分开吃肉 / 22
64. 鸭子的性别 / 23
65. 巧切西瓜 / 23
66. 敲钟的速度 / 23
67. 卖相机 / 24
68. 买玩具 / 24
69. 老人的遗嘱 / 24
70. 按时归队 / 25
71. 丢失的钱包 / 25
72. 黑红手绢 / 25
73. 剩余的页数 / 26
74. 抢30 / 26
75. 分配牛奶 / 26
76. 到底损失了多少 / 27
77. 汽水的数量 / 27
78. 称量面粉 / 27

Part 2 逻辑推理游戏 / 28

79. 睿智的东方朔 / 28
80. 蓝色玫瑰 / 28
81. 合法夫妻 / 29
82. 聪明的刘罗锅 / 29
83. 双胞胎兄弟 / 29
84. 四个小画家 / 30
85. 寻找果汁 / 30
86. 染发的女人 / 31
87. 挽救熊猫 / 31
88. 九死一生的阿凡提 / 31
89. 机智的青年 / 32
90. 五兄弟 / 32
91. 凶杀案 / 32
92. 纠结的将军 / 33
93. 免费午餐 / 33
94. 射击比赛 / 34
95. 找错误 / 34
96. 真正的老实人 / 34
97. 白马王子 / 35
98. 急中生智 / 35
99. 机智的演员 / 35
100. 吃了哪家的鸽子 / 36
101. 正确的道路 / 36
102. 牛奶咖啡 / 36
103. 春天到了 / 37
104. 胖头和瘦头 / 37
105. 对号入座 / 37
106. 帽子游戏 / 38
107. 新来的经理 / 38
108. 倒班制度 / 39
109. 田忌赛马 / 39
110. 标准时间 / 40
111. 埃菲尔铁塔 / 40
112. 聪明的小王 / 40
113. 机智的公主 / 41
114. 寻找夜明珠 / 41
115. 免费午餐 / 42
116. 老人与时钟 / 42
117. 郑板桥画竹 / 43
118. 聚会 / 43
119. 山贼闹婚宴 / 43
120. 生日礼物 / 44
121. 小猫逛街 / 44
122. 农夫的五个儿子 / 44
123. 复杂的关系 / 45
124. 秀才吃诗 / 45
125. 遇人有先后 / 45
126. 圣诞节快乐 / 46
127. 银河旅馆 / 46
128. 哪个徒弟最聪明 / 46
129. 如何过河 / 47
130. 财主赴宴 / 47
131. 自己的价值 / 48
132. 中国式幽默 / 48

133. 睿智的王子 / 49
134. 黑白袜子 / 49
135. 谁最聪明 / 50
136. 森林中迷路 / 50
137. 猜牌 / 50
138. 进化论 / 51
139. 天机不可泄露 / 51
140. 怎么烧开水 / 52
141. 机灵的兔子 / 52
142. 运动员和乌龟赛跑 / 53
143. 奇怪的桥 / 53
144. 卡罗尔的难题 / 53
145. 左邻右舍 / 54
146. 都笑了 / 54
147. 两个不同结果的电话 / 54
148. 精明的店主 / 55
149. 小猫吃鱼 / 55
150. 调皮的小孩 / 55
151. 谁是第一名 / 56
152. 五个药瓶子 / 56
153. 纸牌游戏 / 57
154. 候机室的闲聊 / 57
155. 聪明的青年 / 58
156. 猜灯谜 / 58
157. 拾金不昧 / 59
158. 不靠谱的临时工 / 59

159. 奇怪的走私案 / 60
160. 天气预报 / 60

Part 3 图形推理游戏 / 61

161. 扩建游泳池 / 61
162. 不变的面积比 / 61
163. 九点连线 / 62
164. 棋盘上的棋子 / 62
165. 填数字 / 62
166. 活泼的圆点 / 62
167. 找规律 / 63
168. 摆正方形 / 63
169. 魔幻正方形 / 63
170. 巧拼正方形 / 63
171. 组拼长方形 / 64
172. 火眼金睛 / 64
173. 图形的规律 / 64
174. 大圆与小圆 / 65
175. 合适的图形 / 65
176. 数字之和 / 65
177. 滚动的台球 / 65
178. 正方形的分割 / 66
179. 等分 / 66
180. 十二点问题 / 66
181. 烦恼的财主 / 67
182. 5个变10个 / 67

183. 完整的棋盘 / 67
184. 找不同 / 68
185. 移动棋子 / 68
186. 该涂黑哪四个 / 68
187. 填图形 / 68
188. 写给外星人的信 / 69
189. 填空 / 69
190. 弦的交点 / 69
191. 平分面积 / 70
192. 神奇的木棒 / 70
193. 几个正方形 / 70
194. 动物园 / 70
195. 谁点了牛排 / 71
196. 老师的生日是哪天 / 71
197. 小球的加减世界 / 71
198. 有趣的棋盘 / 72
199. 巧分"工"字 / 72
200. 小纸盒 / 72
201. 立方体的切面 / 73
202. 合适的三角形 / 73
203. 立方体网格 / 74
204. 找规律 / 74
205. 找规律 / 75
206. 找规律 / 75
207. 骰子推理 / 75
208. 灵光一闪 / 76

209. 老李的难题 / 76
210. 妹妹的愿望 / 76
211. 失踪的正方形 / 77
212. 有几种路线 / 77
213. 魔幻方格 / 77
214. 找正方形 / 78
215. 连接的图形 / 78

Part 4 侦探推理游戏 / 79

216. 他为什么是小偷 / 79
217. 第一场雪 / 79
218. 巧妙报警 / 80
219. 银子与枣子 / 80
220. 两面军旗 / 81
221. 雨后的彩虹 / 81
222. 站队 / 82
223. 偷饼干的老鼠 / 82
224. 冤枉的厨师 / 83
225. 机智的船长 / 83
226. 于成龙断案 / 84
227. 真假百马图 / 84
228. 农夫过河 / 84
229. 名马被盗 / 85
230. 美丽的倒影 / 85
231. 李良审鹅 / 86
232. 地铁站的疑犯 / 86

233. 偷金贼 / 87
234. 结冰的玻璃 / 87
235. 精彩的魔术表演 / 88
236. 冰冷的灯泡 / 88
237. 跨国审讯 / 89
238. 第二次世界大战中的间谍 / 89
239. 一副银牙签 / 90
240. 昏庸的皇帝 / 90
241. 一把折扇 / 91
242. 奇怪的车祸 / 91
243. 伪造起火 / 92
244. 猎人死亡之谜 / 92
245. 孔融的猜想 / 93
246. 辨别奸细 / 93
247. 书页里的秘密 / 94
248. 足智多谋的县官 / 94
249. 钱袋与钱 / 95
250. 机智的卧底 / 95
251. 县官巧断案 / 96
252. 长短草棍 / 96
253. 幸存者 / 96
254. 艰难的抉择 / 97
255. 花粉破案 / 97
256. 消失的黑钻石 / 98
257. 伪造的卖身契 / 98
258. 特异功能 / 99

259. 婴儿的眼泪 / 99
260. 柯南·道尔 / 100
261. 机智的卫兵 / 100
262. 绝处逢生 / 101
263. 智辨美酒 / 101
264. 失踪的图纸 / 102
265. 疑犯的破绽 / 102
266. 名画被盗 / 103
267. 谁是放哨的人 / 103
268. 闪亮的银烛台 / 104
269. 智躲老虎 / 105
270. 门铃没响 / 105

参考答案 / 106

Part 1　数字推理游戏 / 106
Part 2　逻辑推理游戏 / 118
Part 3　图形推理游戏 / 132
Part 4　侦探推理游戏 / 142

Part 1 数字推理游戏

1. 丢失的数字

如图1-1所示,找出其中的规律,问号处应该填写什么数字呢?

图1-1

2. 一样的数字

如图1-2所示,如果3个空格中是同一个数(一位数)的话,应该是哪一个数字呢?

$$9\square \times \square = 6\square 9$$

图1-2

3. 奇妙的九宫格

如图1-3所示，将1~9这9个数字排成3行，每行3个数字，使得每行、每列及两条对角线上的3个数字相加的和都是15，你能做到吗？

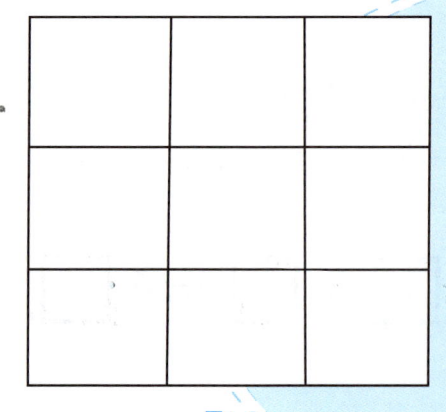

图1-3

4. 巧补数字

把1~12这12个数字填到图1-4中，使得每条横的、竖的、斜的4个方格以及中间4个格子的数字加起来都等于26，你会填吗？

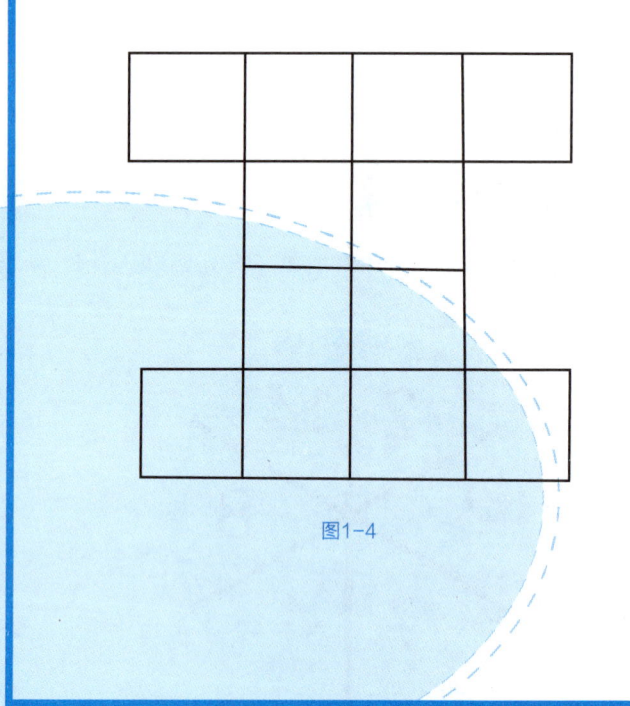

图1-4

5. 完美的数字摆放

我们都知道转盘旋转是随机的，如果把1~11这11个数字写在转盘上并使得每条线上的3个数字相加后均等于18，是不是一种很完美的摆放呢？在聚会的时候可以作为一个有趣的游戏与你的朋友分享，试着在图1-5中填写正确的数字吧！

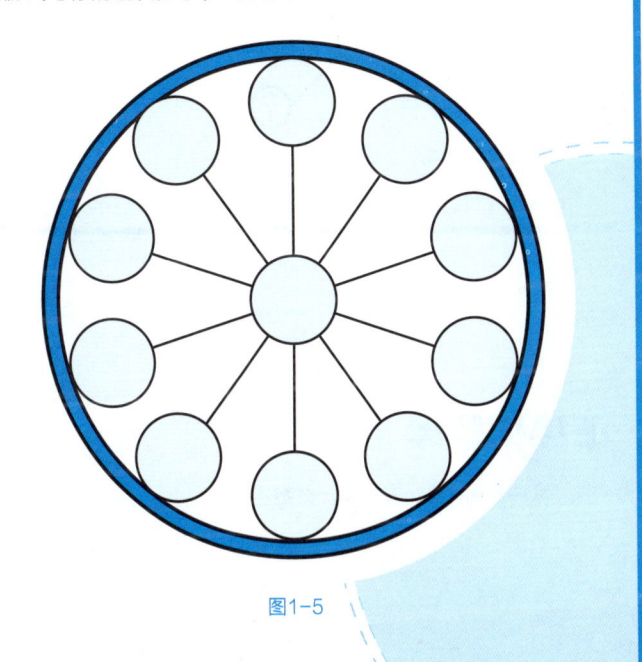

图1-5

6. 逃掉的数字

图1-6中有3个五角星，原本每个五角星都应该有6个数字。可是第三个五角星中间的数字偷偷地逃掉了，你能把它找回来吗？

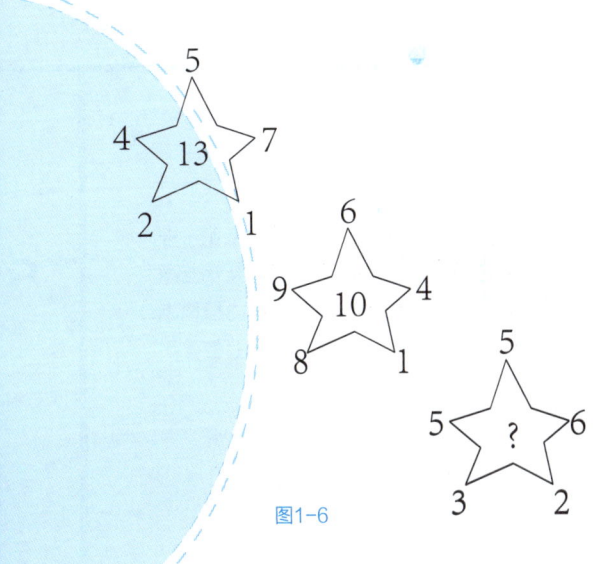

图1-6

7. 填数字

根据规律，填写数字，完成图1-7所示的谜题。

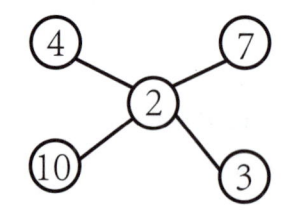

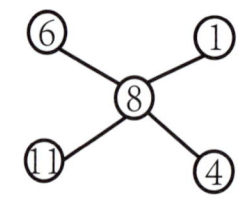

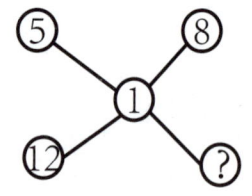

图1-7

8. 数数几只鸟

3棵树上共停了36只鸟，如果从第一棵树上飞6只鸟到第二棵树上，然后从第二棵树上飞4只鸟到第三棵树上，那么3棵树上的鸟数相等。请问，原来每棵树上各停了多少只鸟？

9. 正确的数字

想一想，图1-8中问号处应该填什么数字？

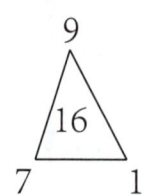

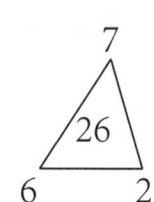

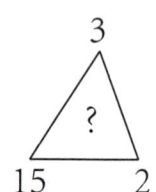

图1-8

10. 中间的空缺

如图1-9所示，所有的圆圈上面都有一个数字，你能根据规律把中间的数字补充上吗？

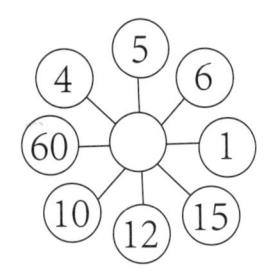

图1-9

11. 六边形与数字

如图1-10所示，你能算出问号处应该填写哪个数字吗？

图1-10

12. 巧填数字

下面数列中问号处的数字是多少？

1，3，2，6，4，12，8，24，？

13. 找规律

你能找出下面两组数字的排列规律吗？请依据各自的规律找出问号处应该填写的数字。

A：1，5，10，50，100，？，？

B：3，8，23，68，？

14. 计算数字

请找出问号所代表的数字。

0	2	3	2	4
5	0	3	7	8
2	4	3	9	9
2	2	2	1	?

15. 数字找茬

你能找出隐藏在图1-11里的一个特殊数字吗？

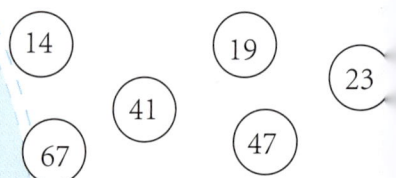

14　19　23
41
67　47

图1-11

16. 排列数字

按照图1-12中的数字排列规律，问号处应该填写什么数字呢？

24	?	21
22		45
5	38	17

图1-12

17. 换薯片

某商店正在进行薯片促销活动，顾客可以凭借8个薯片包装袋在商店换取一包薯片。小红得知后立刻行动起来，找到了71个薯片的包装袋。那么她最多可以换到多少包薯片呢？

18. 真正的年龄

小李和小明都很喜欢数学。有一天，两人一起出去玩，遇到了小李的三个熟人A、B、C。小明问起那三个人的年龄，小李说："我告诉你几个条件，你试着猜一下他们的年龄吧！"小明想了想说："我试试吧。"小李说："他们三人的年龄之积等于2 450；他们三人的年龄之和等于我们两人的年龄之和。现在你来算出他们三人的年龄吧！"小明根据这两个条件算了好久，摇头对小李说："我算不出来。"小李又给小明补充了一个条件，他们三个人都比我们俩的熟人小红的年龄要小（都知道小红的年龄）。小明马上回答说："我算出来了！"

你知道小红的真实年龄吗？

19. 小明的秘密

小明虽然才10岁，但是对数学有极高的悟性。有一天，他向小刚夸口说："随便你用0到9这10个数字写成两个数，只要你在这两个数字里把0到9中的每个数字都用到而且不重复就可以，然后把两个数字加起来，再把你写的两个数字擦掉。最后，你随便擦掉得数里的任意一位数字。我只要看一眼你最后的结果，就知道你最后擦掉的那位数是几。"小刚当然不相信，于是用这10个数字写了一个6位数和一个4位数，加起来后得到结果，把万位上的数和两个加数都擦掉，得到这样一个数：39 827（中间的空缺处是擦去的那个数）。小明只看了一眼，就说出了小刚擦掉的数。小明是怎么知道那个数字的呢？

20. 最少几次能渡河

　　有3个人必须过河，但是河上没有桥。河上有两个孩子正在划一只小船，他们想帮助那3个人过河。可是船太小了，一次只能再搭一个人，如果再加一个人船就会沉下去，而3个人都不会游泳。请问，他们要怎么做才能做到划船次数最少且让所有人都顺利安全地到达对岸呢？

21. 老板女儿的年龄

　　一位老板有3个女儿，3个女儿的年龄加起来等于13，3个女儿的年龄相乘等于老板的年龄。有一个职员已经知道老板的年龄是36岁，但是仍不能确定老板3个女儿的年龄。但再得知老板其中的两个女儿已参加滑冰学习之后，这个职员就知道老板3个女儿的年龄了。老板3个女儿的年龄分别是多少？为什么？

22. 准确的到站时间

　　李老师乘坐高速列车去上海参加一个学术会议。她害怕耽误了开会时间，就询问列车上的乘务员："火车什么时候到达上海？"

　　"明天早晨。"乘务员回答。

　　"早晨几点呢？"

　　乘务员看李老师一副学者范儿，有意考一下他，于是说："我们准时到达上海时，车站的时钟显示会很特别：时针和分针都指在分针的刻度线上，两针的距离是13分或者26分。现在你能算出我们几点到上海吗？"

　　李老师想了一会儿，又问道："我们是北京时间4点前还是4点后到呢？"

　　乘务员笑了一下说道："我如果告诉你这个，你当然知道了。"

　　李老师会心一笑："你不告诉我，我也知道了！"

　　这列火车准确的到站时间是什么时候呢？

23. 鸡兔同笼

"鸡兔同笼"是我国古代很流行的算术题。其具体可分为两个题目：

① 鸡兔同笼不知数，三十六头笼中露。数清脚共五十双，各有多少鸡和兔？

② 鸡兔同笼不知数，头数相同已告知。知道脚共九十只，请问多少鸡和兔？

24. 李白沽酒

李白是唐代的一位伟大诗人，人称"诗仙"。除了写诗、吟诗之外，他还爱喝酒。在民间流传着一首"李白沽酒"的打油诗，同时它也是一道十分有趣的数学题。诗句是这样的：

李白街上走，提壶去买酒。遇店加一倍，见花喝一斗。

三遇店和花，喝光壶中酒。试问酒壶中，原有多少酒？

诗句的意思大概是：李白酒壶里原来是有酒的，每次遇到店，酒壶中的酒就增加一倍；每次看到花，就饮酒作诗，喝去一斗（斗是古代的酒器，是一种容量单位）酒。这样，经过三次，酒壶中的酒全被李白喝光了。请问，李白酒壶中原来有多少酒？

25. 消失的50元钱

这是发生在一个精明的顾客和一个不那么精明的卖香蕉的小贩之间的故事。小贩小王的香蕉共100千克，以每千克1元钱的价格出售。有一天，一位顾客要买下小王的所有香蕉，小王高兴坏了。可是这个顾客要求香蕉剥皮，皮和肉分别进行计算，这个要求很古怪，但顾客告诉小王他要用果肉做果酱，用香蕉皮喂猪。同时要求果皮每千克2角钱，果肉每千克8角钱，合起来正好是每千克1块钱。

小王觉得顾客的要求也是合情合理的，就按照顾客的说法将果皮跟果肉分开，各称了50千克，不想到付钱的时候却出现了问题：小王认为顾客应该付给他100元，但是买主只付了50元。小王很疑惑，询问顾客原因。顾客反驳道："皮肉各半。皮每千克2角，50千克一共10元，肉每千克8角，50千克一共40元，加起来正好50元"。小王没有听出来这样算有什么毛病，可是他的确损失了50元，这是为什么呢？

26. 机智的爸爸

　　小明和小红兄妹两个在玩射击，击打空中的气球，爸爸是裁判员。可是，爸爸因为去接一个重要的电话而错过了兄妹的比赛。等爸爸接完电话后看到10只气球已经全部被打完了。爸爸并没有着急询问兄妹的比赛结果，他只是让哥哥把打掉的气球数乘以2，让妹妹把打掉的气球数乘以3，再把两个数字加起来，然后问他们得数是多少。

　　小明和小红两个人低头想了想，异口同声地说道："结果是26。"

　　爸爸笑了笑，马上说出了兄妹两个人各自打掉了多少只气球。

　　兄妹两个觉得爸爸太聪明了，居然根据两个数字就能猜出最后的结果。请问，爸爸是怎么知道结果的呢？

27. 石头有多重

　　小明跟三个小伙伴去山坡玩耍，看到一块大石头，他们便议论开了。小明说："我看这块石头有17千克重。""我说它有26千克。"第一个小伙伴说。"我看它重21千克。"第二个小伙伴说。"你们说的都不对，我看它的正确质量是20千克。"第三个小伙伴争着说。之后他们四个人争得不可开交，谁也不服谁。最后他们把石头拿去称了一下质量，结果谁也没有猜中。不过，其中一个人所猜的质量与石头的正确质量差2千克。其中有两个人所猜的质量与石头的实际质量之差相同。当然，这里的差是绝对值，不考虑负号。请问，这块石头究竟有多重呢？

28. 同样的概率

　　投掷两枚硬币，它们全部正面朝上或者全部反面朝上的概率是50%，因为每一枚都有两种可能。当你投掷三枚硬币时，它们全部面朝上或者面朝下的概率也是50%，因为三枚硬币中至少有两枚朝上的面是一样的，这时另外一枚正面朝上或者反面朝上的概率各是50%。这种说法正确吗？为什么？

29. 候车厅的时间

有四个人坐在火车站候车室的一条长椅子上。一位老者走上前来，问道："请问，现在是什么时间？"四个人同时看了一下自己的手表，然后分别作了回答。

甲说："现在是12点54分。"
乙说："不，是12点57分。"
丙说："我的表是1点零3分。"
丁说："我的表是1点零2分。"

事实上，这四个人的表分别有2分钟、3分钟、4分钟和5分钟的误差（这一顺序并非对应于他们回答时的顺序）。你能够计算出现在的准确时间吗？

30. 分苹果

老王、老李、老张三个好哥们在城里打工。到了年底，三个人合买了一堆苹果准备给家人带过去当礼物。到了晚上，三个人都躺下睡了。第二天早上，老王先醒来，看看其他两个人还在睡觉，就自作主张将行李中的苹果分成了3份，发现还多出一个，就把那个苹果吃了，然后拿了自己的那份离开了。老李第二个醒来说道："怎么老王没拿苹果就走了？不管他，我把苹果分一下。"于是，老李将剩下的苹果分成了三份，发现也是多出来一个，于是他也把多出来的那一个吃了，拿着自己的那一份走了。老张最后一个醒来，奇怪两个哥们怎么没拿苹果就走了。于是老张又将剩下的苹果分成了3份，他发现也多一个，便吃了，拿着自己的那一份回家了。请问：一开始最少有多少个苹果？

31. 为难的小红

小红买了一些桃子，她想跟小伙伴们一起分享。可是在分桃子的过程中，小红犯难了。她想让小伙伴们都能拿到同样多的桃子，但这似乎无法做到。如果小红给每个人分10个桃子，则少4个；如果小红给每个人分9个桃子，就多6个。请你想想，他们一共有多少人？至少要增加几个桃子，才能使得小红按照每人10个桃子和9个桃子平均分配时，桃子都不多不少？

32. 两支蜡烛

有天晚上，小明家突然停电了，可是他的作业还没有写完。于是小明点燃了书桌里备用的两支新蜡烛，在烛光下继续写作业，直到电又来了。

第二天，小明想知道昨晚电停了多长时间。但是他并没有注意停电和来电的具体时间，也不知道蜡烛的原始长度。他只记得两只蜡烛是一样长的，粗细不同。其中粗的一支燃尽需要5个小时，细的一支燃尽需要4个小时。两支蜡烛是一起点燃的，剩下的残烛都很短了，其中一支残烛的长度等于另一支残烛的4倍。

你能根据上述提供的资料，算出小明家昨晚停电的时间有多长吗？

33. 猫兔赛跑

森林里正举行田径冠、亚军决赛。猫和兔子是进入决赛的选手。发令枪声一响，反应灵敏的兔子立刻冲了出去。猫发现兔子已经奔跑到了离它10步远的前方，才开始奋起直追。猫的步子大，猫跑5步的路程，兔子要跑9步。但是兔子的动作快，猫跑2步的时间，兔子能跑3步。按照这样的速度，猫能追上兔子吗？如果能追上，它要跑多少路程才能追上兔子？

34. 称量水果

在果园工作的送货员小明给一家罐头加工厂送了10箱桃子。每个桃子重500 g，每箱装20个。正当他送完货要回果园的时候，接到了从果园打来的电话，说由于分类错误，这10箱桃子中有1箱装的是每个400 g的桃子，小明要把这箱桃子带回果园以便更换。但是，小明又没有秤。怎样从10箱桃子中找出到底哪一箱的分量不足呢？

正在这时，他发现不远的路旁有一台自动称体重的机器，投进去1元硬币就可以称量一次质量。他的口袋里刚好有1元硬币，当然也就只能称量一次。那么他应该怎么样利用这一次机会，来找出那一箱不符合规格的桃子呢？

35. 几个酒徒比酒量

一群酒徒聚在一起比酒量。他们先拿来一瓶酒，所有人平分喝掉。由于酒的浓度很高，一瓶喝下去，有几个人很快就倒了。接着，剩下的又拿来了一瓶，再次将酒平分喝掉，结果又有人倒下了。此轮过后，能坚持下来的人已经很少，但结果仍然没有分出来。于是剩下的酒徒又要了一瓶酒，还是平分。这次总算比出了结果，只听见最后倒下的酒徒中有人说道："我正好喝了一瓶酒。"根据上面的描述，你能猜出一共有多少个酒徒参与了这次比酒量吗？

36. 填数字

按照图1-13中的规律，问号处应该填写什么数字？

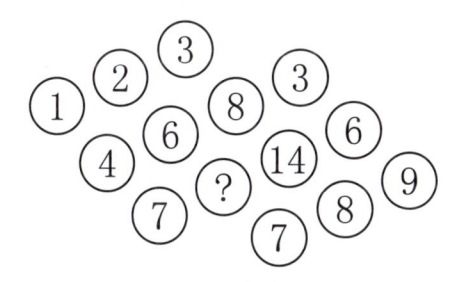

图1-13

37. 找规律

你能根据图1-14中数字的规律找出问号处的数字是多少吗？

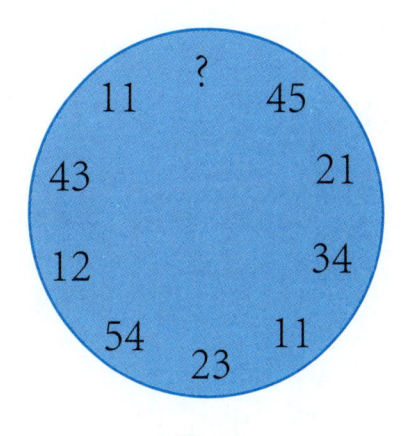

图1-14

38. 补充空白

如图1-15所示，5乘以5的方格中有许多空白处没有数字。而且数字的排列是有规律的，你能找出它们的规律并补充空白吗？试一试吧！

	10		20	
4		12	16	20
	6	9		
	4			
1			4	

图1-15

39. 袋子里的苹果

小明出去买水果。他把买来的100个苹果分开装在6个大小不一的袋子中，每只袋子里所装的苹果数都是含有数字6的数字。请你想一想，他在每个袋子各装了多少个苹果？

40. 迷信的将军

民国时期，有一位将军非常迷信。有一次，他要领兵出征，出征前进行了一次检阅。他命令士兵每10人一排排好，谁知道排到最后缺1人。他认为这很不吉利，就改为每排9人，可最后一排又缺1人，改为8人一排，仍然缺1人，7人一排缺1人，6人一排缺1人……直到2人一排还是凑不齐。将军非常沮丧，认为是自己时运不济，不宜出兵，于是收兵不再出战。

这当然不是他的时运不济，也没有人恶作剧，只怪这位将军一心迷信，数学还很差，其实他的士兵数本来就无法排成整排。请问，你可以猜出这位将军手里一共有多少士兵吗？（兵数在3 000以下）

41. 猜数字游戏

老师在一张纸上写了4个数字，对甲、乙、丙、丁4位同学说："你们4位是班上最聪明、最会推理和演算的学生。今天，我出一道题考考你们。我手中的纸条上写了4个数字，这4个数字是1，2，3，4，5，6，7，8中的任意4个，你们先猜各是哪四个数字。"

甲说："2，3，4，5。"
乙说："1，3，4，8。"
丙说："1，2，7，8。"
丁说："1，4，6，7。"

老师说："甲同学和丙同学猜对了两个数字，乙同学和丁同学只猜对了一个数字。你们已经知道各自猜的结果了，现在能够推算出纸条上写了哪几个数字吗？"

42. 计算年龄

老王带着一家人坐火车回家。车上遇到一个爱唠叨的人，不停地问这问那，最后问起了老王一家人的年龄。老王有点不耐烦地说："我儿子的年龄是我女儿年龄的5倍，我老婆的年龄是我儿子年龄的5倍，我的年龄是我儿子年龄的6倍，把我们的年龄加起来正好是我母亲的年龄，今天我们是去给她庆祝61岁生日的。"

爱唠叨的人想了一会儿还是不明白。你能算出老王的儿子、女儿、老婆以及老王的年龄吗？

43. 有多少硬币

小李很喜欢收藏硬币。他把1分、2分、5分的硬币分别放在5个一样的盒子里，并且每个盒子里所放的1分的硬币数量相等，2分的硬币数量相等，5分的硬币数量也相等。

没事的时候他拿出来清点，把5盒硬币都倒在桌子上，分成4堆，每一堆的同种面值的硬币的数量都相等。然后把其中两堆混起来，又分成3堆，同样，每一堆里同种面值的硬币的数量相等。那么你知道他至少有多少枚1分，2分和5分的硬币吗？

44. 弹珠有多少

天天跟甜甜一起到草地上玩弹珠。天天说："把你的弹珠给我2个吧，这样我的弹珠就是你的3倍了。"甜甜对天天说："还是把你的弹珠给我2个吧，这样我们的弹珠就一样多了。"分析一下，天天跟甜甜原来各有多少个弹珠？

45. 1元钱去哪里了

新年到了，一家文具店老板准备促销两种新年贺卡。他从每种贺卡中各拿出30张，第一种卖1元钱2张，另外一种卖1元钱3张。结果这60张很快就全卖完了。

老板记下了账目：30张1元钱2张的贺卡收入15元。30张1元钱3张的贺卡收入10元，总共25元。

之后，老板又拿出60张贺卡放在柜台上。结果，他发现两种贺卡不知道什么时候已经混在一起了。由于生意太忙了，他也懒得一张张分开贺卡。忽然，他灵机一动，自言自语道："如果30张贺卡是1元卖2张，30张是1元钱卖3张，为什么不把60张贺卡放在一起，按照2元钱5张来卖？这不是一样的吗？"

最后，文具店关门时，60张贺卡全部按照2元钱5张卖出去了。可是老板点钱时发现只有24元，不是25元。这让老板百思不得其解。

这1元钱去了哪里呢？是不是老板给顾客多找了钱？你能为他解惑吗？

46. 平均速度

一个晴朗的早晨，小红一家决定出去旅游。可惜那天有同样打算的人很多，路上很堵。在这种情况下，小红一家开车去郊外的平均速度是30 km/h。晚间返回时，交通状况更加糟糕，小红一家的平均速度只有20 km/h。请问，他们整个旅途的平均车速是多少？

47. 丢番图生平

丢番图是古希腊最杰出的数学家之一，被誉为"代数学鼻祖"。他写了不少著作，其中《算术》一书是关于代数的最早的一部论著。此书独树一帜，完全脱离了几何的形式。在这本书中，代数符号第一次被系统地使用，并展示了各种不定方程的奇妙解法。可惜，这位被誉为"代数学鼻祖"的数学大师，其生平事迹几乎一点也没有留下来，人们只是偶然地在他的墓志铭上知道了他的一些情况。有趣的是，他一生的大概情况可以用一个代数方程谜语描述出来：

过路人，这里埋着丢番图的骨灰，下面的数目可以告诉您他的生平：

他生命的六分之一是幸福的童年。再活十二分之一，脸颊上长出了细细的胡须。又过了生命的七分之一，他才结婚。又过了五年，他得了一个儿子，感到很幸福。可是这孩子光辉灿烂的生命只有他父亲的一半。儿子死后，老人在悲痛中活了四年，结束了尘世的生涯。

请问，丢番图活了多少岁？多少岁结婚？多少岁得子？

48. 盈利多少

一个商人以50元钱卖出了一辆自行车，然后又花了40元钱买了回来，显然他赚了10元钱，因为原来的自行车又回到了他的手里，而他手里多了10元钱。之后，他把他花40元钱买的自行车以45元钱又卖了出去，这样他又赚了5元钱，前后加起来一共赚了15元钱。

有一个人认为：这个人以一辆价值50元钱的自行车开始，第二次卖出以后他有了55元钱，也就是他只赚了5元钱。50元钱卖第一辆车是一次纯粹的交易，表明不赚也不赔；当他以40元钱买进而以45元钱卖出的时候，才赚了5元钱。

而另一个人则认为：当他以50元钱卖出并以40元钱买进时，他显然是赚了10元钱；而当他以45元钱卖出时，则是纯粹的交换，不赚也不赔。所以他赚了10元钱。

每个人说的似乎都有道理，那么你认为谁才是正确的呢？

49. 不公平的骰子

小红和小李是室友，可是她们两个人都不愿意打扫卫生。于是小红对小李说："我们掷骰子来决定吧！现在我这里有两个骰子，我们每人掷一次骰子，如果两个骰子上显示的数字之和为1~6的数，就算你赢；如果两个数字之和为7~12的数，就算我赢。输的人打扫卫生怎么样？"小李同意了。掷完骰子后，小李输了，于是她打扫了卫生。第二天，小李发现她上当了，因为掷骰子的方法不公平。请问，为什么这种方法不公平呢？两种概率差了多少？

50. 老虎和天鹅

动物园里的管理员决定计算一下公园里的老虎和天鹅的数量。出于一些原因，他只能通过计算老虎、天鹅的头和腿的数目来统计动物的数量。最后，他算出一共有35个头和78条腿。那么，你知道公园里分别有多少只老虎和天鹅吗？

51. 玩具店的奥妙

小李、小王、小红是好朋友，三个人共同投资了一家玩具店。在开业的当天上午，顾客可以花10元钱在他们手中各自买到数量相等的玩具；下午的时候，他们更改了10元钱可以购买到的玩具数量，但三人的价格还是一样的。最终，小红卖了33个，小李卖了29个，小王卖了27个。他们三个人虽然卖了不同数量的玩具，但是赚的钱数相同。你知道这是怎么回事吗？

52. 叔叔家的晚餐

年轻的小王每个周末都会去叔叔家和叔叔共进晚餐。小王家在郊区,但是叔叔家在市中心。小王每次都是12点骑车从家里出发。根据多次的经验,小五得知:如果按照15 km/h的速度骑车,那么他会在晚餐开始前1个小时到达叔叔家;但是如果以10 km/h的速度骑车的话,他就会迟到1个小时。

如果小王想在晚餐时间正好赶到,他的骑车速度应为多少呢?小王家和叔叔家相距多远呢?

53. 赛马

两位喜爱运动的人决定进行一场赛马比赛,双方规定谁的马车先到终点谁将输掉比赛,而第二个到达终点的才是获胜者。比赛中,在离终点不远处,他们两人都开始减速,并在距离终点只剩下100米的地方停了下来。想到先前打的赌,两个人纷纷下去跟一个在农田里观看比赛的农民商量这件事情。当这个农民得知他们的比赛规则之后,就给他们提了个建议。而他们听完之后,立即跳进马车里开始在路上加速行驶,好像每个人都在争着第一个到达终点。

那个农民给他们的建议绝不可能改变两人的比赛规则,那么你能猜出这个建议是什么吗?

54. 消失的十文钱

从前,有三个穷书生进京赶考,途中投宿在一家旅店中。这家旅店的房价是每间四百五十文钱,三人决定合住一间房间,于是每人向店老板支付了一百五十文钱。后来,老板见三人实在可怜,又优惠了五十文钱,让店里的伙计拿着分给三个书生。伙计心想:五十文钱三个人分应该怎么分呢?于是自己拿走了二十文钱,将剩下的三十文钱还给了三个书生。问题出来了:每个书生实际上各自支付了一百四十文钱,合计四百二十文钱。加上店小二私吞的二十文钱,等于四百四十文钱,还有十文钱去哪里了?

55. 狡猾的狐狸

森林之王老虎知道狐狸"狐假虎威"的把戏之后，咆哮着要找狐狸算账。狐狸眼看着无路可逃，便挺起胸脯说："你不要乱动哟！我可是有法力的。我能够猜得出你心里想的任何数字。"老虎不信，狐狸说："你用5乘以你心里想的那个数，再乘以15，除以3，再乘以4，最后把得数告诉我。"老虎半信半疑算了一会说："1 400。"狡猾的狐狸说："你心里想的数是14，对吧？"老虎一听，觉得狐狸真的有神力啊，就不敢吃狐狸了。请问，你知道狐狸是怎么猜出来的吗？

56. 招生计划

有一所三年制高中学校，每个年级为300人，共900名学生。该校制定了一个让未来学生的数量比现有900名学生的数量翻一番的扩大招生计划，决定从明年新生入学开始，每年招生要比前一年多100人。请问，该校几年后才能完成这个扩大招生计划呢？（当然每年的毕业生一个也不能少）

57. 步行比乘车快多少

小红放学后在车站等汽车，等了很久，汽车也没有来。因为她想回家换衣服和同学去公园玩，心里十分着急，就步行往家里走去。从车站到小红家，乘车10分钟就可以达到，步行则要40分钟。当小红走了全路程的1/2时，公共汽车来了，于是她又乘上汽车走完了剩余的路程到了家。请问，与一开始就坐车相比，小红这样能省时间吗？

58. 平分苹果

　　市里的王老板送了24个苹果给县城里的孤儿院。院长按照他们3年前的年龄，把与其年龄数相等数量的苹果分给了孤儿院的小红、小王、小李3个孩子，正好分完了所有的苹果。其中小红年龄最大，而小李年龄最小。

　　最小的孩子小李最聪明，他提出这样分不公平："我建议每个人只留下自己手中半数的苹果，将另一半拿出来让其他两人平分。"院长同意了，结果3人的苹果就一样多了。

　　你能算出来他们3人各有几岁吗？

59. 猫咪有几只

　　传说猫有9条命，假设一只猫妈妈已经度过了她9条命中的7条；她的孩子中，一些已经度过了6条，另一些则度过了4条。

　　猫妈妈和她的小猫们总共还剩下25条命。现在，请你来算一下，一共有多少只小猫呢？

60. 解密码

　　小偷偷到了一个保险箱，他猜想里面一定有很多钱，可是不知道密码。

　　他看着这个保险箱，只见密码锁上有5个铁圈，每个圈上有24个英文字母，只要5个圈上的字母排列顺序与密码相符，保险箱就会打开。他想，干脆自己一个一个试，肯定可以把这个保险箱打开。假如小偷3秒一次，按照这种方法，他至多要用多长时间才能打开密码锁？

21

61. 小明被坑了吗

妈妈给了小明两张50元的钞票，让他去商店买些东西。

小明在商店买了15元的大塑料盆一个、10元的钢笔一支，还买了10元的水果。在付完账后，老板找给他65元。

小明出了商店后，觉得找回的钱数有些不对劲，不知道是不是被老板坑了。

你觉得小明被坑了吗？

62. 稳赚的爸爸

红红和丽丽两姐妹在和爸爸讨论第二天的天气，两个姐妹都有自己的想法并吵着要跟爸爸打赌。红红觉得第二天下雨的可能性很大，就先对爸爸说："如果明天不下雨，我给您20元；如果明天下雨，您给我10元。"丽丽却觉得第二天不会下雨，于是对爸爸说："如果明天下雨，我给您20元；如果明天不下雨，您给我10元。"

爸爸听后心想："我这不是稳赚嘛，傻女儿。"于是乐滋滋地答应了两个姐妹的要求。你知道爸爸是如何确定自己是稳赚的吗？

63. 分开吃肉

老王夫妻二人准备做一个有趣的游戏：老王不能再吃猪肉，他的妻子不能再吃牛肉。

他们两个人一起可以用60天吃光一桶猪肉。如果让老王单独吃，那么他要用30个星期才能完成任务。

两个人在一起可以用8个星期消耗掉一桶牛肉。但是如果让老王的妻子自己一个人吃，那么，少于40个星期是吃不光的。

假定老王在有牛肉供应的时候只吃牛肉，而他的妻子在有猪肉供应的时候只吃猪肉。试问，他们夫妻二人一起吃，把半桶牛肉和半桶猪肉吃光，需要花费多长时间？

64. 鸭子的性别

　　鸭妈妈孵出了四只小鸭子。鸭爸爸非常高兴就对鸭妈妈说："亲爱的，你说我们的宝宝有几只公鸭，几只母鸭呢？"

　　鸭妈妈为难地说："我也不知道呢。"于是，鸭爸爸推论道："四只小鸭子都是公的不太可能，也不可能都是母的，每只鸭子是公是母的机会是一半对一半。所以很明显，亲爱的，最有可能的结果是两只公的两只母的。"你觉得鸭爸爸的这种推论正确吗？

65. 巧切西瓜

　　夏天的时候，爸爸从外面买来一个大西瓜，小明立即拿着刀说让他来切。爸爸则告诉小明如果他能够切3刀把西瓜成8块，就让他切。小明想了很久也没有想出来怎么切。亲爱的朋友，你能帮帮小明吗？

66. 敲钟的速度

　　在一个寺院里，和尚每天都要敲钟。第一个和尚用10秒敲了10下钟，第二个和尚用20秒敲了20下钟，第三个和尚用5秒敲了5下钟。这些和尚每人所用的时间是这样计算的：从敲第一下开始到敲最后一下结束。这些和尚的敲钟速度是否相同？如果不同，一次敲50下的话，他们谁先敲完？

67. 卖相机

暑假期间，小李在表哥的照相机店里帮助表哥卖照相机，其中一款照相机卖310元。为了方便顾客，表哥让他把机身和机套分开卖，并且告诉他，机身比机套贵300元。这天表哥出门，正好一个顾客要单买一个机套。小李想起来表哥的话，就跟这位顾客要价10元，可是顾客说他卖贵了。小李想了想说："不贵啊，表哥走的时候就是这么交代的。"可是那位顾客一口咬定，他前几天就是在这家店用5元钱买过一个一模一样的机套。他们正争执不下，表哥回来了，并告诉小李确实是他卖贵了。小李听了表哥的话很不服气，心里想："明明就是你让我这么卖的嘛！"你知道小李错在哪里了吗？

68. 买玩具

有六个小朋友去玩具店买玩具，他们分别带了14元、17元、18元、21元、25元、37元。到了玩具店，他们都看中了一款游戏机，一看定价，这六个人都发现自己所带的钱不够。不过，其中有3个人的钱凑在一起正好可买2台，除去这3个人，有2个人的钱凑在一起恰好可买1台。这款游戏机的价格是多少呢？

69. 老人的遗嘱

有位老人在临终前留下了一份遗嘱，把自己的全部财产按照比例分给3个儿子：大儿子分得全部财产的1/2，二儿子分得全部财产的1/3，三儿子分得全部财产的1/9。但是，当这三个儿子后来按照遗嘱分遗产的时候，才知到全部财产是17匹马，这无论如何都无法按照遗嘱分。3个儿子各执一端，谁也不想少分一点，而把一匹马杀了分又违背孝道。于是他们只好请一位邻居老人解决这场纠纷。结果，那位老人不但顺利地解决了问题，而且使得3个儿子都比原来要多分一点，三个人皆大欢喜。你能猜到这位老人是如何按照遗嘱分这17匹马的吗？

70. 按时归队

有3个士兵请假出去玩，但是按照规定他们必须在晚上11点赶回去。他们玩得太高兴了以至于忘记了时间。当发现的时候，已经是10点过8分了。他们离兵营还有10 km的距离。如果跑着回去需要1小时30分钟，如果骑自行车回去要30分钟。但是他们只有一辆自行车，并且自行车只能带上一个人，所以必须有一个人要跑。他们能及时赶回去吗？

71. 丢失的钱包

有一天，小王急匆匆地跑进警察局，大喊着自己的钱包被偷了。
"现在要镇静，王先生，"警察安慰他说，"有人刚刚交还了一个钱包，也许是你丢的，你能把钱包里的东西描述一下吗？"
"好的。"小王回答说，"里面有一张我自己的照片和电话卡。还有320元的现金，一共8张钞票，而且没有10元的钞票。"
"完全吻合，王先生。给，这是你的钱包。"
那么，你知道小王钱包里是哪8张钞票吗？

72. 黑红手绢

有一个班的学生举办了一场元旦联欢晚会。其中有一个游戏需要全场的同学都参与。班长在每个人背上都挂了一个手绢，手绢只有黑红两种颜色，其中黑色的手绢至少有一块。每个人看不到自己背上究竟是什么颜色的手绢，只能看到别人的。班长让大家看看别人背上的手绢，然后关灯，如果有人觉得自己的手绢是黑色的，就咳嗽一声。第一次关灯没有反应，第二次关灯依然没有反应，但第三次关灯后听到接连不断的咳嗽声。你觉得此时至少有多少人背上是黑手绢？

73. 剩余的页数

一本书一共有100页，其中，第20~25页脱落了。请问剩下的书还有多少页？

74. 抢30

有一种叫"抢30"的游戏。游戏规则很简单：两个人轮流报数，第一个人从1开始，按照顺序报数，他可以只报1，也可以报1，2。第二个人接着第一个人报的数再报下去，但是最多也只能报两个数，而且不能一个数都不报。例如，第一个人报的是1，第二个人可以报2，也可以报2，3；如果第一个人报了1，2，则第二个人可以报3，也可以报3，4。接下来仍然由第一个人报数，如此轮流下去，谁先报到30谁胜。甲很大度，每次都让乙先报，但是每次都是甲胜利。乙觉得这其中肯定有猫腻，于是坚持要甲先报，结果每次依旧都是甲胜。

你知道甲必胜的策略是什么吗？

75. 分配牛奶

杂货店的老板有一个30 L的圆形牛奶桶，里面装满了牛奶，不久前已经卖了8 L。一天，两名老顾客分别带了一个4 L和一个5 L的瓶子来买牛奶，刚好那天老板的电子秤坏了，带4 L瓶子的顾客只想买3 L牛奶。那么，老板要怎么分配牛奶呢？

76. 到底损失了多少

一天，一位顾客拿着一张百元钞票去杂货店王妈妈那里买了15元钱的面条。由于王妈妈没有零钱，就拿着百元钞票去隔壁水果摊的老板处换了100元的零钱，然后找了顾客85元零钱。

顾客刚走不久，水果摊的老板就过来说刚才王妈妈拿过来换零钱的百元钞票是假钞。王妈妈仔细确认是假钞后，无奈地拿出一张真的百元钞票给水果摊的老板。

在整个过程中，王妈妈一共损失了多少钱呢？

77. 汽水的数量

有个商店正在进行汽水促销活动，促销的主要内容是：1元钱可以买1瓶汽水，2个空汽水瓶可以换1瓶汽水。请问，如果你有10元钱，最多可以喝几瓶汽水呢？

78. 称量面粉

有一天，小王的妈妈在家里蒸馒头。现在有9 kg的面粉，小王的妈妈只需要用其中的2 kg就足够了。家里的天平只有50 g和200 g的砝码。要想称量三次就能得出需要的2 kg面粉，小王的妈妈该怎么做呢？

Part 2 逻辑推理游戏

79. 睿智的东方朔

东方朔是汉武帝时期的传奇人物，大家都说他很聪明。有一次，有人献给皇帝一颗不死之药，据说可以保人长生不老。皇帝决定选个重要的日子服下这颗长生不老药。但是到了那天，太监发现药被东方朔吃了，皇帝非常生气，下令砍掉东方朔的脑袋。朝廷上的其他大臣都吓得不敢出声，东方朔却面不改色，只说了一句话就使得皇帝改变了命令。

你能猜到东方朔究竟说了一句什么话吗？

80. 蓝色玫瑰

有三位新娘一起玩一个游戏，游戏规则为：戴上眼罩后，每位新娘的额头上都会被画上一朵蓝色或者黄色的玫瑰。取下眼罩后，如果有人看到有蓝色玫瑰就举起手，一直到弄清楚自己额头上玫瑰的颜色才能放下手。现在三个人都蒙上了眼睛，然后每个人的额头上都被画了一朵蓝色玫瑰。摘掉眼罩后，三个人互相对视，几乎同时举起了手。但是过了一会儿，其中一位新娘把手放下了，她说道："我知道我额头的玫瑰是蓝色的。"你知道她是怎么知道自己额头玫瑰颜色的吗？

81. 合法夫妻

　　四对夫妇在同一个办公室工作。他们分别姓赵、钱、孙、李、周、吴、郑、王。大家有点分不清谁跟谁是一对，所以他们就想出了个小小的谜题让大家来猜。提供的条件如下：

　　A：赵结婚的时候李曾经来做客。
　　B：李和钱两个人的衣服尺寸、款式和颜色都是一样的。
　　C：孙的爱人是吴的爱人的亲表哥。
　　D：没有结婚之前，李、孙和王曾经在一起住。
　　E：吴氏夫妻出门旅游时，郑、王和李的爱人曾经去机场送行。

　　你能够猜出谁和谁是夫妻吗？

82. 聪明的刘罗锅

　　乾隆皇帝很喜欢刘罗锅（刘墉）的聪明博学，总时不时地和刘墉玩文字游戏。这一天，乾隆皇帝兴致来了，又把刘墉叫到了跟前，对他说："我这儿有副和田玉镯，你要是猜到我心里想什么，这副玉镯就赏给你了。"

　　刘罗锅平日也乐得和皇帝玩一玩，于是微微一笑答了一句话。结果，乾隆很不情愿地把镯子给了他。

　　你猜刘罗锅说了句什么话呢？他真的能猜准乾隆心里在想什么吗？

83. 双胞胎兄弟

　　有两个奇怪的双胞胎兄弟小明和小华，他们喜欢根据时间选择说真话或者说假话。哥哥上午喜欢说真话，一到下午就喜欢说假话；而弟弟恰好相反，上午他喜欢说假话，一到下午就愿意说真话。

　　有个人想认识他们两个人，但是又分不清谁是哥哥谁是弟弟，于是他就去问了两个人两个问题，他先问两个人："你们谁是哥哥呢？"小明说："我是。"小华也说："我是。"于是，这个人紧接着又问了一个问题："那你们能告诉我现在几点了吗？"小明回答说："快到中午了。"小华回答说："中午已经过去了。"这个人听完了两人的回答，立刻就判断出谁是哥哥，谁是弟弟了。

　　你知道谁是哥哥，谁是弟弟吗？

84. 四个小画家

小红、小美、小李、小王四个人非常想做画家，他们每个人都临摹了一幅名画（《蒙娜丽莎》或者《最后的晚餐》）。临摹完成后，她们分别将自己手中的画交给其中一个人，又从别人手里得到画，这样多次循环。结果是，每个人手里都有一幅画，但是自己的画又回到自己手里的只有一个人。现在知道：

（1）小王临摹的是《最后的晚餐》。
（2）小红拿着的是《蒙娜丽莎》。
（3）拿着小红画的人，不是小红自己也不是小王。
（4）小红和小美临摹了同一幅画。
（5）小李和小王各自拿一幅相同的临摹画。

他们分别临摹了哪幅画？交换后谁拿着自己的那幅画？

85. 寻找果汁

有4个瓶子分别装有白酒、啤酒、可乐、果汁。每个瓶子上都有标签。但是装有果汁的瓶子上的标签内容是假的，其他瓶子上的标签内容都是真的。你知道每个瓶子里分别装的是什么东西吗？

甲瓶子上的标签是："乙瓶子里装的是白酒。"
乙瓶子上的标签是："丙瓶子里装的不是白酒。"
丙瓶子上的标签是："丁瓶子里装的是可乐。"
丁瓶子上的标签是："这个标签是最后贴上的。"

86. 染发的女人

四位女士在美发沙龙内坐成一排等着染头发，她们分别想染成蓝色、白色、黑色、赤褐色。假设四位女士的位置分别是1号、2号、3号和4号，根据下面的信息，你能说出每个位置的顾客的名字、现在的头发颜色以及各自想染的颜色吗？

（1）小王左边的女士头发是棕色的。
（2）一位女士想把头发染成白色，另一位现在的头发是金黄色，小红坐在她们两人之间。
（3）小李坐在想把头发染成黑色的女士旁边，而小美坐在偶数位置上。
（4）坐在1号位置上的女士的头发是蓝色的。
（5）灰色头发的女士想把她的头发染成赤褐色，而且她不在3号位置上。

87. 挽救熊猫

为了挽救濒危的大熊猫，一种有效的方法是把它们都捕获到动物园进行人工饲养和繁殖。然而，这一理论真的是正确的吗？现在，有A、B、C、D四个选项。你觉得哪个选项是真的，最能对上述理论提出质疑？

A. 近5年在全世界各动物园中出生的熊猫总数是9只，而在野生自然环境中出生的熊猫的数字，无法准确地获得。
B. 只有在熊猫生活的自然环境中，才有足够供它们吃的嫩竹，而嫩竹几乎是熊猫的唯一食物。
C. 动物学家警告，对野生动物的人工饲养将会改变它们的某些遗传特性。
D. 提出上述观点的是一个动物园主，他的提议带有明显的商业动机。

88. 九死一生的阿凡提

古时候有个残酷的国王，十分嫉妒阿凡提的聪明才智。有一次，他抓住了阿凡提，一心想整死他，但又顾及体面，就故意想了一个自认为天衣无缝的办法。他对阿凡提说："你现在可以说一句话，但是如果你说的是真话，我将用绞刑架绞死你，而如果你说的是假话，我将用油锅炸死你。"结果阿凡提说了一句话，国王竟拿他一点办法也没有。请问，阿凡提说的是一句什么话？

89. 机智的青年

古时候，有一位皇帝准备为自己的女儿挑选一位聪明而睿智的驸马。于是他想出了一道难题，来考验所有想娶公主的人。题目是：来参加考试的人，不能给国王送礼物，但也不能空着手不带东西来。

题目公布后，虽然难倒了很多人，但是还是有一个聪明的青年解决了这个难题，成了驸马。

你知道他是如何做的吗？

90. 五兄弟

一家有5个孩子，即老大、老二、老三、老四、老五。他们长大成人后，分别当上了老板、理发师、医生、教师和公司职员（名字和职业不是互相对应的）。现在知道：

（1）老板不是老三，也不是老四。
（2）教师不是老四，也不是老大。
（3）老三和老五住在同一幢公寓，对面是公司职员的家。
（4）老二、老三和理发师经常一起出去旅游。
（5）老大和老三有空时，就和医生、老板一起打牌。
（6）每隔10天，老四和老五一定要到理发店里修个脸。
（7）公司职员一般都是自己刮胡子，从来不去理发店。

你知道每个人是做什么工作的吗？

91. 凶杀案

一位很有名望的教授被杀了，凶手在逃。经过几天的侦查，警察抓到了A、B两名嫌疑人，另外还有4名证人。

第一位证人张先生说："A是清白的。"

第二位证人李先生说："B为人光明磊落，他不可能杀人。"

第三位证人赵师傅说："前面两位证人的证词中，至少有一个是真的。"

最后一位证人王太太说："我可以肯定赵师傅的证词是假的。至于他有什么意图，我就不知道了。"

最后警察经过调查，证实王太太说了实话。请问，凶手究竟是谁？

92. 纠结的将军

两个将军各自带领自己的部队埋伏在相距一定距离的两个山头上，等候敌人。将军A得到可靠的情报说，敌人刚刚到达，立足未稳，没有防备，如果两股部队一起进攻的话，就能够获得胜利；而这两位将军心里都清楚的是：如果只有一方进攻的话，进攻方必将损失惨重。但是A遇到了一个难题：如何与将军B协同进攻？那时没有电话之类的通信工具，只能通过派情报员来传递消息。将军A派遣了一个情报员去了将军B那里，告诉将军B：敌人没有防备，两军于黎明一起进攻。然而可能发生的情况是，情报员失踪或者被敌人抓获。即将军A虽然派遣情报员向将军B传达"黎明一起进攻"的信息，但是他不能确定将军B是否能收到他的信息。还好情报员顺利回来了，可是将军A又陷入了迷茫：将军B怎么知道情报员肯定回到将军A的部队里了呢？将军B如果不能肯定情报员回来的话，他必定不会贸然进攻。于是将军A又将该情报员派遣到B将军那里。然而，他不能保证这次情报员肯定到了目的地。如果你是这两位将军中的一个，你有什么办法？

93. 免费午餐

笨笨开了一家餐馆，这个餐馆有一个特点，所有的菜价格都是相同的。有一天中午，聪聪来餐馆吃饭。

聪聪先要了一份麻婆豆腐，可是菜一端上来，聪聪一看就哈着气说："这也太辣了，怎么吃啊，给我换一个吧。"于是笨笨给他换了一份热气腾腾的蘑菇炖面，聪聪又说："太烫了，再换一份。"于是笨笨又给他换了一份松仁玉米，聪聪一尝，觉得很甜，于是眉开眼笑，很快就吃完了。

聪聪吃完，拍拍屁股想走，笨笨追过来说："您还没付钱呢！"

聪聪说："我付什么钱呢？"

笨笨说："您吃饭不需要付钱吗？"

聪聪说："可是我吃的松仁玉米是用蘑菇炖面换的呀！"

笨笨说："您吃的蘑菇炖面也是要付钱的呀！"

"可是我的蘑菇炖面是用麻婆豆腐换的呀。"聪聪狡辩地说。

"麻婆豆腐也是要付钱的啊！"笨笨有点着急了，他还是第一次遇到这样的客人。

"麻婆豆腐我没吃，给退了，我应该付什么钱呢？"聪聪说道。

笨笨挠了挠头，好像是这么回事，于是就让聪聪走了。

你知道这到底是怎么回事吗？吃了东西不需要付钱吗？

94. 射击比赛

奥运会射击比赛中，甲、乙、丙3名运动员各打了4发子弹，全部中靶，命中情况如下：
（1）每人的4发子弹所命中的环数各不相同。
（2）每人的4发子弹所命中的总环数均为17环。
（3）乙有两发命中的环数分别与甲其中两发一样。
（4）甲和丙只有一发环数相同。
（5）每人每发子弹的最好成绩不超过7环。
甲与丙命中的相同环数是几环？

95. 找错误

一个正方体有6个面，每个面的颜色都不同，并且只能是红、黄、蓝、绿、黑、白6种颜色。如果满足：
（1）红的对面是黑色。
（2）蓝色和白色相邻。
（3）黄色和蓝色相邻。
那么，下面结论错误的是哪个？
A. 蓝色与蓝色相邻。
B. 蓝色的对面是绿色。
C. 白色与黄色相邻。
D. 黑色与绿色相邻。

96. 真正的老实人

在小红、小王、小张、小美、小李这五个同事当中，有两个是绝对不说谎话的老实人，但是另外三个人是骗子，所说的话里一定有谎话。下面是五个人所说的话：
小红："小王是个骗子。"
小王："小张是个骗子。"
小张："小李是个骗子。"
小美："小红和小王他两个都是骗子。"
小李："小红和小美，她们两个可都是老实人。"
请你根据他们所说的话，找出哪两个人是真正的老实人。

97. 白马王子

小红心目中的白马王子是高个子、小麦肤色、相貌英俊的人。她认识李、孙、钱、赵四位男士，其中有一位符合她所要求的全部条件。

（1）四位男士中，只有三人是高个子，只有两人是小麦肤色，只有一个人相貌英俊。

（2）每位男士都至少符合一个条件。

（3）李和孙肤色相同。

（4）孙和钱身高相同。

（5）钱和赵并非都是高个子。

你觉得谁能够完全符合小红的条件，也就是说谁有可能成为小红的男朋友呢？

98. 急中生智

村里的老王挑着一对竹筐，赶集去买东西。当他来到一座独木桥上时，对面来了个孩子，他想退回去让孩子先过桥，但是回过身一看，后面也来了个孩子。正在进退两难之际，老王急中生智，想到了一个好办法，使得大家都顺利地通过了独木桥，而且三人之中谁也没有后退一步。

老王用什么妙招解决了问题？

99. 机智的演员

在一次文娱演出中，有两个演员在剧中饰演了一对邻居。由于这两个演员之间最近闹了一点儿矛盾，所以第一个人就想趁着演出的机会让第二个人出丑。于是当他应该按照剧情将一份写有台词的纸交给第二个人来念的时候，却偷偷将这张纸换成了一张白纸，并装模作样地交给了第二个人。结果，当第二个人发现这件事情的时候已经来不及了，因为台下不了解情况的观众都在等着他来念这张纸上的内容。这可怎么办呢？急中生智的第二个人用最快的时间想出了对策，不仅使得自己摆脱了窘境，还惩罚了那个试图让他出丑的人。

请你想一想，他到底用了什么办法呢？

100. 吃了哪家的鸽子

赵、钱、孙、李和陈是五个单身的老头，他们都很喜欢养鸽子，每个人都有一只心爱的鸽子。另外有五个单身老太太都很喜欢养猫，每个人都有一只心爱的猫。猫对鸽子是很大的威胁。后来，这五对老人分别结了婚。有老两口看着，自己的猫没有机会吃掉自己的鸽子。然而最终每只猫都吃掉了一只鸽子，确切地说是别人的鸽子。这样一来，每位老头都失去了自己心爱的鸽子。

事实上，赵夫人的猫吃了某位老先生的鸽子，正是这位老先生和吃了陈老先生的鸽子的猫的主人结了婚。赵老先生的鸽子是被钱夫人的猫吃掉的。李先生的鸽子是被某位老太太的猫吃掉的，正是这位老太太和被孙夫人的猫所吃掉的鸽子的主人结了婚。

请问，李夫人的猫吃了谁家的鸽子？

101. 正确的道路

小王在跟小伙伴们玩捉迷藏的游戏。轮到小王藏起来的时候，小王不小心闯入了一座迷宫，在里面走了很久，一直没有找到出口，小王吓坏了。

这时候，他走到一个三岔路口旁，发现每个路口上面都写了一句话，第一个路口写着："这条路通向迷宫的出口。"

第二个路口写着："这条路不通向迷宫的出口。"

第三个路口写着："另外两个路口上写的话，一句是真的，一句是假的，我们保证，上述的话绝对不是错误的。"

他要选择哪一条路才能出去呢？

102. 牛奶咖啡

小红和小王去了咖啡厅喝咖啡。小王看到杯子里的咖啡突然萌发了一个点子，他跟小红说："我们来做个游戏吧！看看你能不能猜出答案。"小红很好奇，于是同意了。小王让服务员拿来一杯牛奶，接着用一把勺子从牛奶杯里取出来一勺牛奶，倒入咖啡中，搅拌均匀；然后再取一勺混合的咖啡牛奶倒入牛奶中，再搅拌均匀。小王问小红："现在是牛奶杯中的咖啡多，还是咖啡杯中的牛奶多？"

小红想了想就告诉了小王正确的答案。你知道答案是什么吗？

103. 春天到了

在一个小村庄的小学里,4个小朋友正坐在一排椅子上上自然科学课。在这堂课上,老师要求每位同学把前段时间注意或者做过的事情告诉老师或者同学。从以下所给的线索中,你能辨别出这4个小朋友并推断出他们的位置以及各自在这堂课中所说的事件吗?

(1)从你的方向看过去,那个看到翠鸟的男孩就坐在李明的右边,他们之间没有间隔。

(2)听到今年第一声布谷鸟叫的是一个姓张的小伙子。

(3)从你的方向看过去,张力坐在刘洋左边的某个位置上。这边的某一个人可以看到山楂花开。

(4)顺时针排列位置3上坐着赵亮同学。

(5)位置2的同学告诉了大家周末他和父亲钓鱼的事情,他不姓赵。

104. 胖头和瘦头

神蛇岛上的人一共分为两个部族:一个是葫芦部族,这一族的人专门说假话,不说真话;一个是金蛇部族,这一族的人专门说真话,不说假话。一个探险者到神蛇岛去参观,刚一上岛,他就碰到两个人:一个胖头,一个瘦头。他们谁是葫芦部族的人,谁又是金蛇部族的人呢?

探险者灵机一动,用刚学会的当地土语问胖头:"请问,你是金蛇部族的人吗?"胖头听了,叽里咕噜一阵乱叫,不知道说的是什么。探险者正纳闷的时候,瘦头开口说话了:"我来翻译给你听吧,胖头说的是'是的,我是金蛇部族的人。'不过,我劝你不要相信他,他说的是假话。"

探险者一听就笑了,原来他已经知道谁是专爱说假话的葫芦部族的人了。胖头和瘦头到底谁是葫芦部族的人呢?

105. 对号入座

李老师、王老师、张老师三位老师分别承担生物、物理、英语、体育、历史和数学中两门课程的教学工作。已知:

(1)物理老师和体育老师是邻居。

(2)李老师在三人中年龄最小。

(3)张老师、生物老师和体育老师三个人经常一起从学校回家。

(4)生物老师比数学老师年龄要大些。

(5)假日里,英语老师、数学老师与李老师喜欢一起打排球。

你知道这三位老师各自担任哪两门课程的教学工作吗?

106. 帽子游戏

课间休息的时候，老师和同学们一起做了一个游戏。他拿来5块手绢将5名学生的眼睛蒙上，然后分别给他们戴上白色或者黑色的帽子，说："你们每个人都戴有一顶帽子，要么是白色的，要么是黑色的。你们猜一猜，除去自己之外，有几个人戴了白色的帽子？有几个人戴了黑色的帽子？"

甲猜："除去我之外，有1顶黑帽子和3顶白帽子。"

乙猜："除去我之外，有4顶黑帽子。"

丙猜："除我之外，有3顶黑帽子和1顶白帽子。"

丁说："我放弃猜了。"

戊猜："除去我之外，有4顶白帽子。"

听了五个人的猜测后，老师说："你们5人中戴白帽子的人猜对了。戴黑帽子的人都猜错了。请大家接着猜自己头上戴的是什么颜色的帽子。"

在第二次猜测中，5人都正确地猜出了自己戴的帽子的颜色。

你知道这5名学生头上戴的帽子各是什么颜色吗？

107. 新来的经理

小王的单位换了新的经理，大家都很好奇。有好事者就调查了很多信息回来讨论，结果5个人竟然说出了5个不同的调查结果。

甲说："新来的经理是个女的，姓秦，55岁，四川人。"

乙说："新来的经理是个男的，姓齐，50岁，重庆人。"

丙说："新来的经理是个女的，姓戚，55岁，四川人。"

丁说："新来的经理是个男的，姓陈，50岁，湖南人。"

戊说："新来的经理是个男的，姓陈，60岁，重庆人。"

丁秘书刚好听到这些描述，觉得很有意思，于是他对大家说："你们5个人，没有一个人是全对的，但是每个人都说对了其中的一项，而且有两个人共同说对了一项。"

你能替他们猜猜新经理的基本情况是什么样的吗？

108. 倒班制度

某大学要求学生毕业前都要去公司实习。

一个宿舍里有三名学生，碰巧的是，他们在同一时间去了同一家公司实习。这个公司实行轮流上班和休息制度，具体哪天上班，哪天休假都是已经安排好的，是上班即值班。现在已知：

（1）一星期中有一天三位实习员工同时值班。
（2）没有一位实习员工连续三天值班。
（3）任意两位实习员工在一个星期中同一天休假的情况不超过一次。
（4）第一位实习员工在星期日、星期二和星期四休假。
（5）第二位实习员工在星期四和星期六休假。
（6）第三位实习员工在星期日休假。

这三位员工在星期几可以同时值班？

109. 田忌赛马

孙膑是春秋战国时期的著名军事家，他同齐国的将军田忌交情很深。田忌很喜欢赛马，他与齐威王约好要进行一场赛马比赛。

他们两个商量好各自把马分为上、中、下三等进行比赛，齐威王的每个等级的马都比田忌同一等级的马好，所以田忌很快就输掉了比赛。

当田忌正要郁闷地离开赛场时，孙膑说："你再去跟齐威王比一次，我会教给你制胜的方法。"

田忌根本无信心："我的马本来就比上齐威王的，再比一次也是我输。"孙膑笑着说："你就按照我的安排去吧！"于是，田忌按照孙膑的方法又去找齐威王，结果轻松赢了比赛。

你知道田忌是怎么获胜的吗？

110. 标准时间

　　小红买了一块新手表。她与家中的挂钟的时间做了一个对照，发现新手表每天比挂钟慢3分钟。她又将挂钟与电视上的标准时间做了一个对照，刚好挂钟每天比电视快3分钟。于是，小红认为新手表的时间是标准的。下面几个对小红推断的评价中，哪一个是正确的？

　　A. 由于新手表比挂钟慢3分钟，而挂钟又比标准时间快3分钟，所以，小红的推断是正确的，她的手表上的时间是标准的。

　　B. 新手表当然是标准的，因此，小红的推断是正确的。

　　C. 小红不应该拿她的手表与挂钟对照，而是应该直接与电视上的标准时间对照。所以，小红的推断是错误的。

　　D. 小红的新手表比挂钟慢3分钟，是不标准的3分钟；而挂钟比标准时间快3分钟，是标准的3分钟。这两种"3分钟"是不一样的。因此，小红的推断是错误的。

　　E. 无法判断小红的推断正确与否。

111. 埃菲尔铁塔

　　享誉世界的埃菲尔铁塔是法国首都巴黎的代表性建筑。它高300 m，共用去钢铁7 000多吨。但是在它建设之初，有3个谜团困扰了人们很久：

　　（1）这座铁塔只有在夜间才是与地面垂直的。

　　（2）上午铁塔向西偏斜100 mm，到了中午，铁塔向北偏斜70 mm。

　　（3）冬季，气温降到零下10 ℃时，塔身比炎热的夏季时矮了17 cm。

　　当有人因为好奇去询问铁塔的设计者埃菲尔时，他合理地解释了这些问题，你知道这其中的原因吗？

112. 聪明的小王

　　小王一家三口要去另外一个城市工作。爸爸妈妈决定租房住，但是目的地城市是个很有名的旅游城市，每年的旅客都有很多，他们一时找不到合适的房子。有一天，小王的爸爸终于找到一个价格合理、条件不错的房子。当他们要租住的时候，房东却告诉他们，这房子不租住给带着孩子的用户。小王的爸妈听了，一时不知道该怎么办。这时候，小王对房东说了一句话，房东听了开怀大笑，并且把房子租给了他们。你能猜出小王对房东说了什么话吗？

113. 机智的公主

很久以前，欧洲某个王国被另一个国家所灭。国王、王后和王子都被侵略者杀死了，只有小公主安妮带领一些武士突围了出来，逃到了非洲的海岸。

安妮公主带了一些金币登上海岸，拜访了酋长："我们都是失去祖国的逃难人，请允许我们在您神圣的领土上买一块土地生活吧。"

酋长见安妮公主只有几枚金币，便轻蔑地说："才这么一点金币就想买我们的土地？那你只能买下用一张牛皮所圈出的土地。"

大家听了都很沮丧，安妮公主却说："大家不必丧气，我有办法用牛皮圈出一块面积很大的土地。"

大家都不相信安妮的话，酋长表示如果安妮公主可以做到，他就将安妮公主所圈的地送给他。安妮公主真的做到了！酋长没有办法，只好把土地送给了安妮公主。

你知道她是怎么做到的吗？

114. 寻找夜明珠

明朝有个叫吴用的人，他家里有颗祖传的夜明珠。但是有一天，夜明珠莫名其妙地消失了。他把家里翻了个底朝天也没有找到。他觉得肯定是被盗了。于是，他收拾好行囊，连夜起程去寻找祖传的宝物。过了三个月，他来到昆仑山上。昆仑山上有三个小屋分别是青云阁、碧水阁、流萤阁。

他正要上前叩门，这时候，从三个屋子里各走出一位仙女。青云阁的仙女说："夜明珠不在此屋里。"

碧水阁的仙女说："夜明珠在青云阁内。"

流萤阁的仙女说："夜明珠也不在此屋里。"

这三位仙女中只有一个人说了真话。你知道谁说了真话，夜明珠又在哪个屋子里吗？

115. 免费午餐

　　小明家有爷爷、奶奶、爸爸、妈妈和他一共五个人。每到周日，爸爸总会开车带着一家人去大饭店吃午饭。这一天吃完饭临走的时候，小明的爸爸去买单，遇到了饭店的王经理。爸爸跟这位经理也算是熟人了，就对他说："王经理，你看我们这家人也是你的常客了，能不能优惠点啊，或者免费送我们一餐？"

　　王经理转了转眼珠子，想了想，说道："你们这一家人啊，经常光顾我们饭店，我们肯定是要优惠的。这样吧，以后你们的位子每次来都换一下排序，等所有的排序都用完了，别说免费送你们一餐，就是十餐都行。"

　　按照王经理的说法，小明一家人何时才能吃到免费的午餐呢？

116. 老人与时钟

　　在一个小县城的车站上，有一座老旧的时钟，有二三十年的历史了，现在有了毛病，时间总是出错。车站的人找来一个老钟表匠，这位老人修了一辈子的钟表，已经七十多岁了，仍然没有停止工作。但是他毕竟岁数大了，与老旧的时钟一样会犯错。这次他犯的错误不是小事，他把时针和分针装反了，结果分针慢腾腾地走了1格，时针已经跑了12格。老钟表匠"修好"钟表时是上午6点，时针指在"6"上，分针指在"12"上。老人走后，车站上的人一看钟表的时间，仍然不对啊，比修之前还错得离谱，这会儿是7点，几分钟就到8点了。

　　车站的人把这件事情告诉了老钟表匠。但是老人比较忙，下午才有时间到车站来看一看。但是等了一下午，也没有等到老钟表匠来。等到他到车站的时候，天都快黑了。老人一看时钟的时间，疑惑地说："没错啊，就是这个时间啊。"老人没见车站的人就回家了。

　　第二天一大早，车站的人又把老钟表匠找来，老人8点多就来了。一看时钟的时间，仍然没有错。车站的人真是哭笑不得。你能算出老人赶到的时间是7点几分和8点几分吗？

117. 郑板桥画竹

又到了一年的春节，本地的一位富翁请郑板桥为他画一幅中堂画，为的是过节那几天可以在亲朋好友面前炫耀。郑板桥知道这个人为富不仁，虽然答应了他的要求，但是故意要了非常高的价格。富翁为了得到郑板桥的画，只好忍痛答应。郑板桥拿到钱后，立马就分给了当地贫苦的老百姓，希望大家都可以过个温暖的新年。

到了交画的那天，郑板桥随便画了一幅富贵竹，就派人给富翁送了过去。富翁接到画后本是满心欢喜，没想到打开后发现只有画的右下角有半根富贵竹，其余的地方都是诗句。富翁很生气，找来了郑板桥，对他说："我付给你那么高的价格，你却给我画了一根残竹，这不是富贵不全的意思吗？"

听了这话，郑板桥笑了笑，对自己的画进行了一番解释。富翁听了这些话后怒气全消，高高兴兴地接了这幅画。你知道郑板桥是怎么回答富翁的吗？

118. 聚会

小王、小李、小红是大学同学，几个人毕业之后留在了同一个城市。他们在大学时期是无话不说的好朋友，关系十分密切。步入社会后，为了不让时间冲淡彼此之间的友谊，三个人约定每个月都要聚会一次。

眼看着第一次聚会的日子就要到了，但是看上去要促成这次聚会好像不太容易。小王讨厌下雨，在雨天基本都不会出门，阴天和晴天才会出去。小李和小王恰恰相反，他最喜欢下雨天和阴天，晴空万里的时候他一般都躲在家里不出门。小红不喜欢阴天，她觉得这种天气会让人的心情变得阴郁，所以她只在雨天或者晴天出门。

这三个人的出行习惯如此不同，他们的聚会能够按时进行吗？

119. 山贼闹婚宴

明朝的时候，有一个地主为儿子举办结婚喜宴，给亲朋好友都送了请柬。但是请柬被仆人在路上弄丢了两张。有三个山贼正好捡到了这两张请柬，他们又把请柬送给了山大王。山大王一看是张婚宴请柬，不禁动了歪心思，于是派人去打探情况。

原来地主的请柬与众不同，每张请柬是连在一起的两张红卡，进地主家院门时撕下一张红卡，进屋门时再把另一张红卡交给总管。宴席中，如果有事情外出，总管会发一张临时通行证。凭这张通行证，可以进入院门，进屋时再交给总管。一张请柬一个人，一张临时通行证也对应一个人。

山大王眼珠子一转，说："虽然只有两张请柬，但是我们可以进去十几个人。我们给他来个里应外合，新娘子如果很漂亮就抢回来做压寨夫人，如果不漂亮就抢些粮食、钱财。"举办婚宴当天，果然如山大王所说，有三个山贼进了屋，十几个山贼进了院子，把漂亮的新娘子抢走了。你知道他们是怎么进去的吗？

43

120. 生日礼物

安娜的生日到了。妈妈买了一条漂亮的裙子作为生日礼物送给安娜。为了考验一下安娜,妈妈故意准备了两个一模一样的纸盒子,并在盒子上贴上了纸条。A盒上的纸条写着"B盒没说谎,礼物在A盒"。B盒上的纸条写着"A盒在说谎,礼物在A盒"。

安娜的礼物究竟在哪个盒子里呢?

121. 小猫逛街

有一天,小白猫、小黄猫和小黑猫一起去逛街。三只猫都想买外套,于是走进了一家服装店,一共买了三件外套。三件外套分别是白色、黄色和黑色。

在回家的路上,一只小猫很兴奋地说:"我很早就想买白外套了,今天终于买到了。""今天我们还真是有意思啊,小白没有买白外套,小黄没有买黄外套,小黑没有买黑外套。"

小黑猫看了看说:"还真是这样,你要不说我还没注意到这点呢!"

你能根据以上对话判断出小白猫、小黄猫和小黑猫各自买了什么颜色的外套吗?

122. 农夫的五个儿子

有个农夫,他的五个儿子都已经成家立业了。一个灾荒之年,农夫面临饥荒,不得不求助于他的儿子们。他不知道哪个儿子有钱,但是他知道兄弟之间彼此都知道底细。而且有钱的说的都是假话,没钱的才说真话。

老大说:"老三说过,我们四个兄弟中,恰有一个有钱。"
老二说:"老五说过,我们四个兄弟中,恰有两个有钱。"
老三说:"老四说过,我们兄弟五个都没钱。"
老四说:"老大和老二都有钱。"
老五说:"老三有钱,另外老大承认过他有钱。"

你知道农夫的几个儿子中谁有钱、谁没钱吗?

123. 复杂的关系

这年的春节，甲、乙、丙、丁、戊五个人从不同的城市回到了老家，相聚到一起。一位多年不见的朋友也回到了老家，但是他只认识其中的一个人，对于五个人之间的关系则一无所知。几个人有意为难这位陌生的朋友，只听见有四个人分别说道：

（1）乙是我父亲的兄弟。
（2）戊是我的岳父。
（3）丙是我女婿的兄弟。
（4）甲是我兄弟的妻子。

这位新朋友，绞尽脑汁，始终想不出一个答案。你能帮他分析一下这些话分别是谁说的吗？他们之间又是什么关系呢？

124. 秀才吃诗

古代有一个名厨师，他能够使烹调如诗如画，慕名而来的食客络绎不绝。一位秀才听说此事，很不服气。一天，秀才衣衫褴褛，来到那家饭馆说："我今天身上只有一枚铜钱，请准备三菜一汤。"说罢，他掏出一枚铜钱放在桌上。店小二一听傻了，一枚铜钱仅仅可以买到两个鸡蛋，这不是成心刁难人吗？无奈之下他只好请出厨师。

厨师听罢一笑："无妨，无妨，稍等片刻。"没一会儿，店小二飞快地上了三菜一汤：第一道菜是两个炖蛋黄，碗里还放了几根绿葱；第二道菜是把熟的蛋白切成了丝，放在盘子里，排成一排，下面垫一片菜叶；第三道菜是一碟炒蛋白，碟子正中间有一个长方形图案；第四道菜是一碗清汤，上面浮着几片蛋壳。你知道这四道菜对应了哪首唐诗的四句话吗？

125. 遇人有先后

星期一早晨，天气非常好，万里无云。小明一个人背着书包步行去学校，一路上，他先后遇到了四位关系很好的同学。他们穿着不同颜色的上衣，拿着不同的早餐，有吃蛋黄派的，有吃面包的，有吃汉堡的，有吃饼干的。放学回家后，他把这件事情告诉了妈妈。

（1）小明在遇到穿黑色上衣的王雨之前，遇到了一位手拿着饼干的同学。
（2）小明遇到的第三位同学穿黄色上衣。
（3）在遇到穿白色上衣的同学之后，小明遇到了手拿面包的同学，这位同学不是赵丽。
（4）在遇到拿汉堡的李华之后，小明遇到了穿紫色上衣的同学，这位同学不是刘丹。

从上面的信息中，妈妈能够判断出小明与每一位同学相遇的先后顺序吗？妈妈能够判断出他们各自的上衣颜色和手中拿的早餐吗？

126. 圣诞节快乐

圣诞节是个很美好的节日，孩子们在这天都能够收到圣诞老人放在长筒袜中的礼物。老王家有三个孩子，小红、小华和小明，圣诞节这天恰好是他们三个人的生日。今天小红的年龄是小华和小明年龄相加的总和。去年圣诞节的时候，小华的年龄是小明的2倍。如果从现在算起，两年后，小红的年龄将是小明的2倍。

你能够猜出他们的年龄吗？

127. 银河旅馆

银河旅馆是一家拥有无数房间的旅馆，这些房间号码从1开始，无限制地排列下去。一天，银河旅馆全部客满。这时候，又来一位UFO驾驶员，他刚从银河系外飞来。尽管没有空房间了，可是老板仍然给驾驶员找到了一个房间。他只是把原来住在各个房间的房客都移到了高一号的房间。于是左边第1号房间就空出来给该驾驶员住了。

一个周末，无穷多的推销员来到银河旅馆要求住宿。你可能会替老板捏一把汗了，也许会说："我们可以接待有限数量的新客人，可是再给无穷多的旅客找到新房间就很困难了。"

但是，银河旅馆的老板很快就把难题解决了。你知道他是怎么解决的吗？

128. 哪个徒弟最聪明

一位教书匠有两个徒弟。教书匠年纪大了，想选一个徒弟来继承自己的事业。他左思右想，觉得这两个徒弟不分伯仲，因此很是为难。

过了几天，他终于想出了区分两个徒弟高下的好主意。他叫来两个徒弟，递给他们两本同样厚的书和两支笔，然后让两个徒弟分别在书的每一页上点上一个点，不能漏页。谁先点完就将自己的事业传给谁。

你知道怎么才能取胜吗？

129. 如何过河

一个农夫牵着一只狗和两只小羊回家,在回家的路上遇到条小河。这条小河没有桥,只有一艘小船。这艘小船只能靠自己划过河去,而且船实在是太小了,每次农夫最多只能带一只狗或一只小羊过河。重量多了船就会翻。

这个农夫的狗比较凶,如果把它和小羊放在一起,没有人看管它便会吃掉小羊。农夫想了很久,也没有想出什么好办法既能过河,又不会让小羊被狗吃掉。

你能帮他想个办法吗?

130. 财主赴宴

从前有一个财主应邀到外乡赴宴,把家里雇佣的一个长工带去做仆人伺候他。

到了外乡人的家门口,财主一人进去,把长工留在了门外。财主自己大吃大喝,早把门外的长工忘在了脑后。

财主酒足饭饱之后,主人把财主送到门外,见到长工站在外面,就抱歉地对财主说:"哎!我不知道您的仆人还待在门外,为什么不叫他也来家里吃点东西?"

财主摇了摇头,不以为然地说:"没什么,我吃了就等于他吃了。"

长工听了这话,心里气愤极了,一声不吭地给财主拉过马来,扶他上马,自己跟在后面走。

走到一条大河边,河水很深,又没有桥,来的时候是长工把财主背过来的。现在长工心生一计,自己跳进水里游过去了。财主忙叫长工过来背他,长工装着没有听见。

财主没有办法,只好自己跳进河里,但是他根本不会游泳,下水后心里发慌,急忙喊着长工快来救他。

长工在对岸不慌不忙地说了一句话,说得财主哑口无言。

你知道长工说的是什么话吗?

131. 自己的价值

从前，有一个小和尚，自小就在寺院里出家，但是他总觉得自己一无是处，没有办法生活。他的这种情绪被一位禅师发现了，禅师决定点化他一下。

一天，禅师把他带到后院一处杂草丛生的乱石旁，随手捡起一块石头递给他，对他说："你把它拿到集市上去卖吧。但是你要记住，无论有多少人来问，出多少价钱要买它，你都不要卖。"

小和尚不明白禅师的用意，但是还是去了。他找了一个不起眼的角落，蹲下来开始卖石头。一天过去了，根本就没有人来问。第二天、第三天，渐渐地有人来问了，等到第五天的时候，那块石头已经能卖到很好的价格了。

小和尚回到寺院后，禅师对他说："你这次把石头拿到石器市场去卖，但是要记住，无论多少人买，多少钱都不要卖。"

小和尚听话地把石头拿到了石器市场上，有了上一次的经验，他这次找了一个好一点的地方。第一天，没有人来问，第二天、第三天，渐渐地有人来问了，等到第五天的时候，石头的价格已经被抬得高出了石器的价格。小和尚仍然没有卖。

回到寺院，禅师又对他说："这次你把石头拿到珠宝市场去卖，但是仍然要记住，不管多少人问，出多少钱你都不要卖。"

小和尚来到珠宝市场，又出现了以前的情况，到了最后，石头的价格被炒得甚至比珠宝的价格还要高了。

你知道禅师让小和尚这样做的目的是什么吗？

132. 中国式幽默

沙漠中，一个美国人，一个法国人，一个中国人结伴而行。途中遇到了一个灯神，灯神对他们说："我能够实现你们每人三个愿望。现在，说出你们的愿望吧。"

美国人先许愿，他说："我要很多很多的钱。"于是，灯神给了他很多很多的钱。美国人接着说："我还要很多很多的钱。"灯神又实现了他的愿望。美国人最后说道："把我和这些钱都送回家吧。"于是，美国人带着一大笔钱回到了家乡。

然后轮到法国人许愿，法国人说："我要很多的美女。"灯神给了他很多美女。法国人继续说："我还要很多很多的美女。"灯神也满足了他这个愿望。法国人最后许愿说："把我和这些美女都送回家吧。"于是，法国人带着一群美女回到了家乡。

最后是中国人，只见中国人慢吞吞地往地上一坐，说："给我来瓶二锅头。"

灯神就给了他一瓶二锅头。中国人优哉游哉地把酒喝完，然后说："再给我来瓶二锅头。"灯神又给了他一瓶。中国人又很快喝完了，这时候他拍了拍脑袋，对灯神说："我有点想念我的两个同伴了，你把他们弄回来吧。"

接着美国人、法国人、中国人继续结伴在沙漠中行走，美国人、法国人对中国人恨得牙根直痒痒，却也没办法。

不久，他们又碰到一个灯神，这个灯神法力稍微弱一点，它说："我可以实现你们每人两个愿望。你们需要什么尽管说。"

这一次，美国人和法国人学乖了，他们让中国人先许愿，以免又被拉回来。

这个中国人还是不想让另外两个人得逞，你知道他是如何做到的吗？

133. 睿智的王子

一天,国王把王子叫到宫中,想出题考一下他。国王问道:"你知道王宫的水池里一共有多少桶水吗?"在场的大臣们都为王子捏了把汗,觉得这个问题不太容易回答。但是,王子自信地答出了一个让国王称赞的答案。

你知道王子是怎么回答的吗?

134. 黑白袜子

老王和老李合伙在集市上摆了一个摊位卖袜子,摊位上有白袜子50双、黑袜子50双。这一天,两个人结束了一天的工作正准备收摊回家,没想到突然下起了倾盆大雨。他们出门时没有带雨具,只好暂时躲在附近的一个凉亭里避雨。

这场雨下了很久,等到雨停的时候天已经黑了。附近没有路灯,凉亭里漆黑一片,伸手不见五指。老王和老李又冷又饿,都想赶紧回家去。但是临走之前,他们还要把黑、白袜子各分一半。这个工作平时做起来并不难,但是现在在亭子里这么黑,根本无法分清哪些是白袜子,哪些是黑袜子。用手摸吧,两种颜色的袜子大小都一样,材质也相同,同样分不清楚。

两个人捧着这堆袜子愣了好久,突然老王灵机一动,想到了一个好办法。他把这个办法告诉了老李,对方连连称妙。于是,两个人就按照老王说的办法,三下五除二就把一堆袜子分成了两半。老王拿走了其中的25双白袜子、25双黑袜子。到家拿出来一看,一只都没有搞错。

你知道老王想到的是什么方法吗?

135. 谁最聪明

猴子和狐狸都很自负，谁也不服谁，它们都认为自己是森林里最聪明的动物。为了证明自己比对方聪明一点，猴子和狐狸约定进行一场智力比赛。

比赛当天，森林里有很多动物前来围观，其中大多数都是支持猴子的。猴子看到有那么多的动物支持自己，顿时自信满满，根本就没把狐狸放在眼里。他对狐狸说："你说说自己有什么本事，凡是你能够做到的，我也能够做到。"

狐狸想了想，说道："我可以坐到一个地方，那里是你永远都坐不上去的。" 听了狐狸的话，猴子暗自发笑，心想："登高爬树是我最擅长的本事，森林里还没有几个可以比得上我。那只傻狐狸居然要跟我比这个，看来这次我赢定了。"想到这里，猴子马上回答："无论你坐到哪里，我都能和你一样坐在那里。"

狐狸没说话，而是一声不吭地坐了上去，它刚一坐好，猴子就举手认输了。

你知道狐狸坐到了什么地方吗？

136. 森林中迷路

有一个人到非洲探险，当他来到一片森林时，他彻底迷路了，即使他拿着地图也不知道应该往哪儿走，因为地图上根本就没有标记出这一地区。无奈，他只好向当地的土著人求助。但是他突然想起来曾有同事提醒他：这个地区有两个部落，而这两个部落的人说话是相反的，即甲部落的人说真话，乙部落的人说假话。恰好这个时候，他遇到一个懂英语的当地土著居民A，他问道："你是哪个部落的人？"A回答："甲部落。"于是，他相信了他。但是在途中，他又遇到了土著居民B，他就请A去问B是哪个部落的。A回来说："他说他是甲部落的。"他觉得很奇怪，A到底是哪个部落的人，甲部落还是乙部落？你能替他解答这个难题吗？

137. 猜牌

小王是一个玩魔术的专家。一次在台上表演时，他拿出红桃、黑桃、梅花三种牌放在桌上，并向观众说明纸牌共有20张。

台下的甲、乙、丙三位观众作出了以下推断。

甲说："魔术专家在桌上放的牌中，至少有一种花色的牌少于6张。"

乙说："魔术专家在桌上放的牌中，至少有一种花色的牌多于6张。"

丙说："魔术专家在桌上放的牌中，任意两种牌的总数不超过19张。"

甲、乙、丙三位观众的推断，谁的推断是错误的？

138. 进化论

英国伟大的生物学家达尔文于1859年出版了他的名著《物种起源》一书。

1860年6月28日—30日，英国教会在牛津召开了反对达尔文学说的会议。在这次会议上，一位自负而很有"辩才"的主教威尔博福斯发表了攻击进化论的长篇演说，他的演说暴露了他对达尔文学说的完全无知。然而凭借着"辩才"，他的话很动听，不时地引起人们的阵阵哄笑。

后来，威尔博福斯完全离开了议题，对于参加这次会议的英国著名生物学家赫胥黎进行恶意的嘲弄。他说："赫胥黎教授就坐在我的旁边，他是想等着我一坐下来就把我撕成碎片的，因为按照他的信仰，他本来是猴子变的嘛！不过，我倒要问问，你这个猴子子孙的资格是从哪里得来的？与猴子发生关系的是你的祖父这一方，还是你的祖母那一方？"

你知道赫胥黎是怎么回击的吗？

139. 天机不可泄露

从前，有三个秀才进京赶考，途中遇到一个人称"活神仙"的算命先生，便前去求教："我们此番能考中几个？"

算命先生闭上眼睛掐算了一会儿，然后竖起了一根指头。

三个秀才不明白是什么意思，请求说得清楚一点。

算命先生说："天机不可泄露，以后你们自然会明白的。"

后来三个秀才只考中了一个，那人特来酬谢，一见面就夸奖说："先生料事如神，果然名不虚传。"还学着当初算命先生那样竖起一根手指头说："确实是'只中一个'。"

秀才走后，算命先生的夫人问他："你怎么算得那么灵呢？"

算命先生嘿嘿一笑："你不懂其中的奥秘，无论结果如何我都能猜对。"你知道这是为什么吗？

140. 怎么烧开水

一位青年满怀烦恼地寻找一位智者。他大学毕业后，曾经豪情万丈地为自己树立了许多目标，可是几年下来，仍然一事无成。一天，他来到一个小山村，听说村里的学校有一位德高望重的老师，是远近闻名的智者，于是他便前去拜访。

青年找到智者时，智者正在校内的屋里读书。智者微笑着听完青年的倾诉后，对他说："来，你先帮我烧壶开水！"

青年看见墙角放着一个大水壶，旁边是一个小火灶，可是没发现柴火，于是便出去找。他在外面捡来一些枯枝回来，装满一壶水，放在灶台上，在灶内放了些柴火便烧了起来。可是，由于水壶太大，那捆柴火烧尽了，水也没开。于是，他跑出去继续找柴火，等找到了足够的柴火回来，水壶里的水已经差不多凉了。这回他没有急于点火，而是再次出去找了些柴火。由于柴火准备得足，水不一会儿就烧开了。

智者问他："如果没有足够的柴火，你该怎样把水烧开？"

青年想了一会儿，摇摇头。

你知道该怎么做吗？

141. 机灵的兔子

狮王指定熊、猴子和兔子做它的大臣。后来，狮王跟它们在一起玩腻了，想把它们吃掉。可是，必须找一个借口才可以。

一天，狮子把它的三个大臣找来，对它们说："你们当我的大臣有不少日子了，我现在得检验一下，看你们当了高层以后有没有腐败。"

说完，狮子张开嘴巴，要熊说出他嘴里发出来的是什么气味。

熊直率地说："大王，您嘴里的气味很不好闻。"

"你犯了叛逆罪，"狮王怒吼道，"你竟敢当面诽谤国王。犯叛逆罪的应处以死刑！"说罢，狮子就扑到熊身上把它吃掉了。

接着，狮子又问猴子："我嘴里发出的是什么气味！"猴子亲眼看见熊的下场，赶忙回答道："大王，这气味很香，就跟上等香水一样好闻。"

"你是个又会撒谎又会拍马屁的家伙！"狮子怒吼道，"我是爱吃肉的，谁都知道我嘴里发出来的只能是臭味。凡是不诚实的、爱拍马屁的大臣，都是国家的祸根，绝对不能留下。"说完，狮子又扑到猴子身上把猴子吃掉了。

最后，狮子对兔子说："聪明的兔子，我嘴里发出来的到底是什么气味？"

你知道兔子是如何回答才得以保全性命的吗？

142. 运动员和乌龟赛跑

有一名长跑运动员叫作阿基里斯。一次，他和一只乌龟赛跑。假设运动员的速度是乌龟的12倍，这场比赛的结果是显而易见的，乌龟一定会输。

现在我们把乌龟的起跑线放在运动员前面12 km处，那么结果会是什么样子呢？

有人认为，这名运动员永远也追不上乌龟！

理由是：当运动员跑了12 km的时候，那只乌龟也跑了1 km，在运动员的前面。

当运动员又跑了1 km的时候，那只乌龟也跑了1/12 km，还是在运动员的前面。

就这么一直跑下去，虽然每次距离都在拉近，但是运动员每次都必须先到达乌龟的起始地点，那么这个时候又相当于两者相距一段路程跑步了。这样下去，运动员是永远也追不上乌龟的。

你是怎么认为的呢？

143. 奇怪的桥

一条河上有两座相距不远的桥，两座桥一座高，一座低。这条河经常发大水，桥也经常被淹。

有一次，又发大水了。这两座桥都被接连而来的三次洪水淹没了。其中高桥被淹没了三次，而低桥只被淹没了一次。

你知道这是为什么吗？

144. 卡罗尔的难题

英国剑桥大学数学讲师卡罗尔曾经出了一道题目来检测学生的逻辑思维能力。题目是这样的：

（1）教室里标有日期的信都是用粉色纸写的。
（2）丽莎写的信都是以"亲爱的"开头的。
（3）除了约翰，没有人用黑墨水写信。
（4）皮特没有收藏他可以看到的信。
（5）只有一页信纸的信中，都标明了日期。
（6）未做标记的信都是用黑墨水写的。
（7）用粉色纸写的信都收藏起来了。
（8）一页以上的信纸的信中，没有一封是做标记的。
（9）约翰没有写一封以"亲爱的"做开头的信。

根据以上信息判断皮特是否可以看到丽莎写的信。

145. 左邻右舍

张先生、李太太和陈小姐三人住在一幢公寓的同一层上。一人的房间居中，另外两人分别住在两旁。

（1）他们每人都只养了一只宠物：不是狗就是猫；每人都只喝一种饮料：不是茶就是咖啡；每人都有一种体育爱好：不是网球就是篮球。
（2）张先生住在打网球者的隔壁。
（3）李太太住在养狗者的隔壁。
（4）陈小姐住在喝茶者的隔壁。
（5）没有一个打篮球者喝茶。
（6）至少有一个养猫者打篮球。
（7）至少有一个喝咖啡者住在一个养狗者的隔壁。
（8）任何两个人的相同嗜好不超过一种。

谁的房间居中？

146. 都笑了

有一个人的耳朵听不见了，但是他并不想让别人知道自己是个聋子。一次，他和朋友们聚会，大家都被其中一个朋友讲的故事逗笑了，这个聋子见大家都笑了，也跟着笑了起来，并且对大家说："我也要给你们讲一个有趣的故事。"

在这个聋子讲完故事后，大家都笑得比之前更厉害了，你知道这个人讲的是什么故事吗？

147. 两个不同结果的电话

晚上，一个朋友打电话向小王询问当天一支篮球队的比赛结果，小王很愉快地把结果告诉了朋友。

挂上电话后，过了一会儿，又有一个朋友打电话来向小王询问当天同一支篮球队的比赛结果。但是，这次小王恼火地说："笨蛋，这我怎么会知道！"

小王与两位朋友的关系同样好，同时小王也不是爱开玩笑的人。那么，你能猜到小王的回答为什么会有这么大的区别吗？

148. 精明的店主

有三个人租赁到一处紧挨在一起的商铺，分别开设了3家服装店，各自独立经营。

在准备开张的时候，左边的店主做了一块巨大的快要把门遮住的招牌，上面写着"酬宾大甩卖！"右边的店主也做了一块同样大的招牌，上面写着"不惜血本大降价！"

中间的店主看到了左右两家的招牌后，仔细想了一会，然后在自己的服装店门口写了一行醒目的字。

这三家店铺同时开张，而顾客纷纷走进了中间的那家店。

你知道这是为什么吗？

149. 小猫吃鱼

猫妈妈买了四条小鱼，小猫有四个盘子。小猫将其中的三条小鱼放进了一个盘子里，另外一条放进了另一个盘子，还有两个盘子空着。猫妈妈告诉小猫说，如果想吃掉这些小鱼，就要把小鱼集中到一个盘子里，而且每次都必须从两个盘子里分别拿出一条鱼，放到第三个盘子里面，只有达到这些要求，才能吃到鱼。

可是，小猫试了很多次，也没有达到要求，只好看着小鱼流口水。你能帮助小猫达到要求，顺利地吃到鱼吗？

150. 调皮的小孩

小王、小红、小李是好朋友。一天，他们在公园里玩耍，玩着玩着有些累了，就在旁边的石椅上睡着了。在他们睡着的时候，一个很调皮的小孩用彩笔在他们的脸上画了几条线。当他们醒来的时候，发现其他两人脸上的线之后，就笑出声来了。开始他们以为只是其他的两人在互相取笑，而没有想到自己的脸上也被画了线。

直到三个人中突然有一个不笑了，因为他知道自己脸上也被画了线，你知道他是怎么知道的吗？

151. 谁是第一名

小王、小李、小张和小华四人是高中舍友,他们都很喜欢运动。高中毕业之后,他们相约在母校的操场上进行了一次赛跑,最后分出了高低。有人问他们谁赢了,这四个人却给大家出了个难题,请你根据他们每人说的两句话来判断一下比赛的结果。

小王说:①我刚好在小李之前到达终点。
②但我不是第一名。
小李说:③我刚好在小张之前到达终点。
④但我不是第二名。
小张说:⑤我刚好在小华之前到达终点。
⑥但我不是第三名。
小华说:⑦我刚好是在小王之前到达终点。
⑧但我不是最后一名。

现在已经知道,他们四个人说的话中,只有两句是真话,而且取得第一名的那个人至少说了一句真话。

四个人中谁是第一名呢?

152. 五个药瓶子

有五个外表看起来一样的药瓶子,里面分别装有红、黄、绿、蓝、黑五种颜色的药丸,现在由甲、乙、丙、丁、戊五个人来猜药丸的颜色。

甲说:"第二瓶是蓝色,第三瓶是黑色。"
乙说:"第二瓶是绿色,第四瓶是蓝色。"
丙说:"第一瓶是蓝色,第五瓶是黄色。"
丁说:"第三瓶是绿色,第四瓶是黄色。"
戊说:"第二瓶是黑色,第五瓶是蓝色。"

事实上,五个人都只猜对了一瓶,并且每个人猜对的颜色都不一样。你知道每瓶分别装的是什么颜色的药丸吗?

153. 纸牌游戏

小王和爸爸玩一种纸牌游戏，规则如下：双方先后各出一张牌为一圈。后手在每一圈中都必须按照先手出的花色出牌，除非手中没有相应的花色，而先手则可以随意出牌。每一圈的胜方即为下一圈的先手。

刚开始的时候，双方手中各有四张牌，其花色分别是：

爸爸手中：黑桃—黑桃—红心—梅花

小王手中：方块—方块—红心—黑桃

（1）双方都各做了两次先手。

（2）双方都各胜了两圈。

（3）每一圈中先手出的花色都是不一样的。

（4）每一圈中都出了两种不同的花色。

这里要注意：王牌至少胜了一圈。游戏开始时选定某一种花色，这种花色的任何一张牌都叫王牌，它可以：①在手中没有先手出的花色的情况下，出王牌，这样，一张王牌将击败其他三种花色中的任何牌；②与其他花色的牌一样作为先手出，其他人只能用王牌，如果没有王牌，则可以给出任何一张牌。

在打出的这四圈牌中，哪一圈没有出黑桃？

154. 候机室的闲聊

一天，张女士要去柏林机场转机。在候机室她旁边坐着五位先生正在聊天，他们身旁各放着自己的手提箱。一只箱子上面写着法国巴黎，另一只上面写的是印度新德里，其余三只箱子上面的地名分别为美国的芝加哥、纽约和巴西的巴西利亚。张女士并不认识这五位先生，更不知道他们住在哪里，但是一听了他们的对话就明白了。

甲先生："我外出旅行频繁，到过北美洲，可从未去过南美洲，下个月打算去巴黎。"

乙先生："到时候我从南美洲动身与你在那儿会面，去年我到芝加哥旅行了一趟。"

丙先生："去年我去过美国芝加哥。"

丁先生："我从未到过那儿，从护照上看你们四位都来自不同的国家。"

戊先生："是啊，我们住在四大洲的五个地方。"

以上是五位先生的对话，你知道他们每个人都住在哪里吗？

155. 聪明的青年

从前，有一位名叫苏丹的国王收到了一份邻国国王的礼物，这份礼物就是三个外表、大小和重量都完全一样的金雕像。邻国国王告诉苏丹，它们的价值是不一样的。其实，这个邻国国王就是想拿这三个东西试一试苏丹和他的臣民究竟聪明不聪明。

当苏丹接到这份不寻常的礼物时，感到十分奇怪。于是，他把王宫里所有的人召集到一起，让他们把这三个雕像的差别找出来。所有人围着这三个雕像看了又看，查了又查，却怎么也找不到它们的差别。

关于这三个金雕像的消息很快就在城里传开了，男女老少，没有一个不知道。一个被关在囚牢里的青年托人告诉苏丹，只要让他看一眼这三个金雕像，他马上就能说出它们之间的差别。

于是，苏丹就把这个青年传进了王宫。这个青年围着三个金雕像仔仔细细地看了一遍，发现它们的耳朵都钻了一个眼。他拿起一根稻草，穿进第一个雕像的耳朵，稻草立马就从嘴里出来了。他又把稻草穿进第二个雕像的耳朵里，稻草又从另一个耳朵里钻了出来。最后，他把稻草穿进第三个雕像的耳朵，稻草被它吞到了肚子里，再也出不来了。

随后，这个青年就对苏丹讲出了这三个雕像的差别。

苏丹听了这个青年的话，感到十分高兴。他命人在每个雕像上写了它的价值，又把它们还给了邻国国王。后来，苏丹把这个青年从囚牢里放了出来，并且把这个青年留在了身边，让其帮助自己解决疑难问题。

你知道这个青年人发现的这三个金雕像的差别是什么吗？

156. 猜灯谜

古代，每到元宵节，人们都会举办猜灯谜的活动。那天，街上人来人往，书生王生出了一个谜语，难住了所有的人。这条谜语是："坐也坐，卧也坐，立也坐，走也坐。打一动物。"

路过一个智者笑了笑，不假思索地对书生说："我也给你出一条谜语：坐也卧，卧也卧，立也卧，走也卧。打一动物。"王生想了很久都没有想起来。智者说："我的谜底能吃你的谜底。"说完哈哈大笑地走开了。你知道两个谜底分别是什么吗？

157. 拾金不昧

有一天，小红、小丽、小华三个人在学校操场玩。突然，有人看到一个钱包并且捡了起来。三个人商量，最后决定交给班主任王老师。

王老师知道情况后，表扬了她们三个。同时问道："是谁最先发现的？"

小红说："不是我，也不是小丽。"

"哦，那就是小华了。"王老师说。

她们三人一笑。小华说："不是我，我也不知道是谁最先发现的。"

王老师看了小丽一眼。小丽说："不是我，也不是小华。"

小丽又说："王老师，其实我们刚才说的话，都有一句是真话，一句是假话。"

"哦，原来你们是想考我啊。不过我已经知道是谁最先发现的了。"王老师笑着说。

你知道钱包是谁最先发现的吗？

158. 不靠谱的临时工

从前，有一个农场主，每年都要收很多粮食。这一年，又是大丰收，仓库都堆得满满的了。农场主害怕仓库被盗，就雇用了一个临时工为他看仓库。

第二天一早，农场主就问临时工昨晚仓库里有没有发生异常情况。临时工说："没有发生任何异常现象。而且我还做了一个梦，梦见您的儿子当上了议员。您肯定要发大财了。"农场主听了非常高兴，赏了他一些钱。可是到了下午，农场主就把这个临时工辞掉了。

你知道这是为什么吗？

159. 奇怪的走私案

小王是海关工作人员，常年负责在边境检查走私货物。最近，小王发现一个骑着自行车带着一大包干草的人非常可疑。于是，小王拦住他检查。不过小王将干草包打开后，发现里面除干草外什么也没有，只好将此人放行。可是凭借多年的工作经验，他断定这个人一定是走私犯，无奈抓不住证据。

这个"走私嫌疑犯"每天骑自行车带着一包干草过境，而小王搜查之后一无所获。你知道他在走私什么物品吗？

160. 天气预报

在《三国演义》中，诸葛亮准确地预测了大雾天气和西北风转东南风的风向变化，他在当时被神化为精于天象推算的人。在这里，诸葛先生给鲁肃出了一道难题。（这里推算天气，靠的是逻辑）

诸葛亮对鲁肃说："我将前天作的天气预报稍微修改了一下，如果你能听明白，我就可以将后天的天气情况如实地告诉你。"

诸葛亮接着说："今天的天气与昨天的天气不同。如果明天的天气与昨天的天气一样的话，那么后天的天气将和前天的一样。但是如果明天的天气与今天的天气一样的话，那么后天的天气与昨天的相同。"

诸葛亮的天气预报果然很准确，因为今天和前天都下了雨。那么昨天的天气如何呢？

Part 3 图形推理游戏

161. 扩建游泳池

有一位富翁，在他家里的后花园中有一个正方形的游泳池，在游泳池的四个角上分别栽有四棵名贵的树（图3-1）。一天，这个富翁想扩建游泳池，并且希望扩建后的面积是原来的2倍。但是，他不舍得砍掉这四棵名贵的树。

如果你是设计师，怎么样扩建才能满足富翁的要求呢？

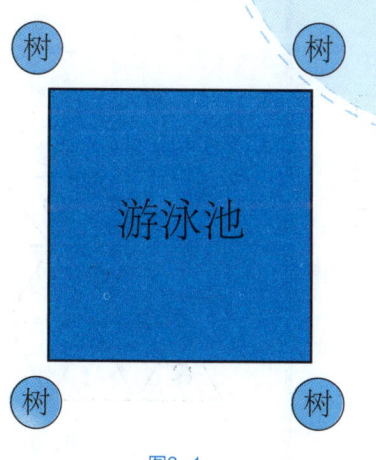

图3-1

162. 不变的面积比

图3-2是用20根火柴棒摆成的一个大正方形和一个长方形，正方形共用去12根火柴棒，长方形用了8根火柴棒。我们从图中可以看出，正方形的面积是长方形面积的3倍。

现在要求你从长方形中移出2根火柴到大正方形中，使得它们组成两个新的图形，且大图形的面积是小图形面积的3倍。

你知道怎么做吗？

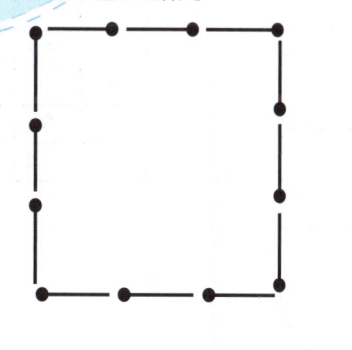

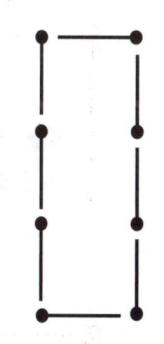

图3-2

163. 九点连线

聪聪是班里最聪明的孩子。在一次数学课上，数学老师提出了这样一个问题：在9个点上画9条直线（图3-3），要求每条直线上至少有3个点。"你们谁先画出来，老师就给一个大红花作为奖励。"孩子们都想要大红花，立刻埋头画起来。聪聪的眼珠一转，不一会儿就完成了。老师看到聪聪的答案后，赞不绝口，于是给了聪聪一朵大红花。你知道怎么样才能快速而正确地画出来吗？

图3-3

164. 棋盘上的棋子

图3-4是一个棋盘，棋盘上有6枚棋子，请你再在棋盘上放置8枚棋子，使得：每条横线和竖线上都有3枚棋子。而且9个小方格的边上也有3枚棋子。

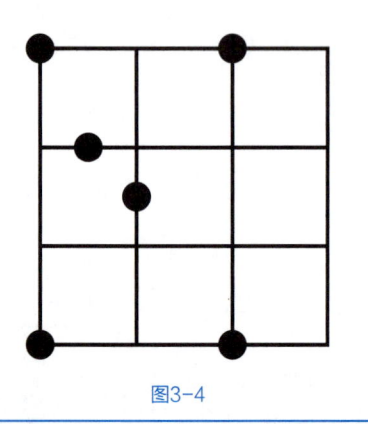

图3-4

165. 填数字

将图3-5中的空白填上数字，使得每行、每列和对角线上的数字相加都等于27。

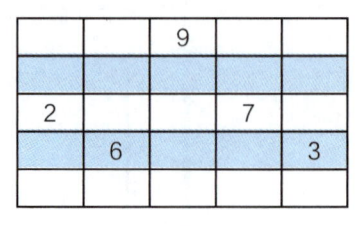

图3-5

166. 活泼的圆点

如图3-6所示，找出圆点排列的规律，下一个圆点应该在哪个位置？

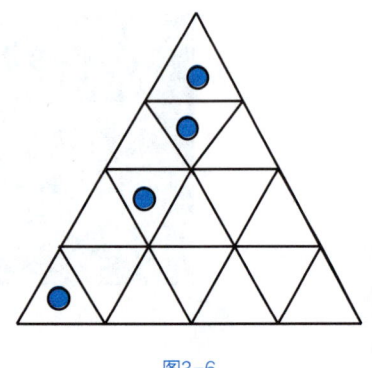

图3-6

167. 找规律

如图3-7所示，后面跟随的图片应该是下列哪一个图形？

图3-7

A.   B.   C.   D.

168. 摆正方形

如图3-8所示，16根火柴可以摆出4个正方形，现在把火柴减到15根、14根、13根、12根，仍然要摆出四个正方形。你认为有可能吗？

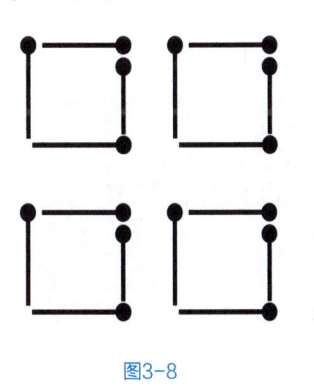

图3-8

169. 魔幻正方形

图3-9是用12根火柴摆成的4个相等的正方形。你能完成下面的变形吗？

①拿掉2根火柴，变成2个正方形。
②移动3根火柴，变成3个相等的正方形。
③移动4根火柴，变成3个相等的四边形。
④变动4根火柴，变成10个正方形。

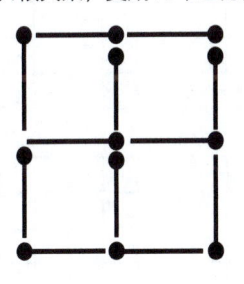

图3-9

170. 巧拼正方形

如图3-10所示，有5个相同的三角形，B边是A边的2倍。要求你在其中的一个三角形上剪一刀，然后把这5个三角形拼成一个正方形。

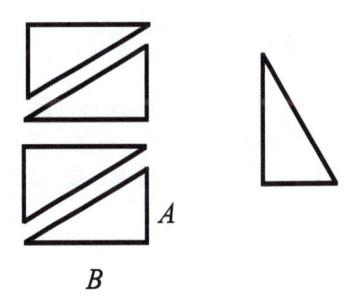

图3-10

171. 组拼长方形

如图3-11所示,一个正方形被分割成了6个图形碎片,分别是A、B、C、D、E、F。你能将这6块碎片组合拼接成一个长方形吗?

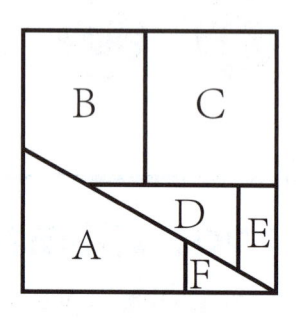

图3-11

172. 火眼金睛

数学课上,老师在黑板上画了10个图形(图3-12),让大家从10个图形中找出一个不同于其他的图形。你能找出来吗?

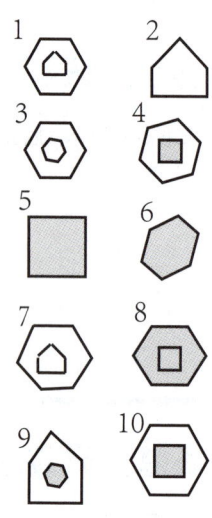

图3-12

173. 图形的规律

如图3-13所示,图形是按照一定规律排列的,按照这一规律,接下来应该填入方框中的是A、B、C、D中的哪一项?

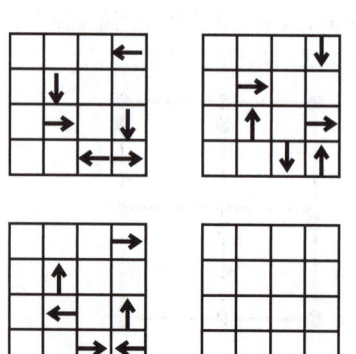

图3-13

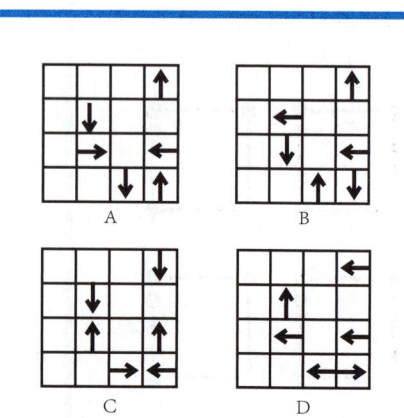

64

174. 大圆与小圆

如图3-14所示，利用0~5这6个数字，在每个小圆上各填1个数字，使得围绕每个大圆的数值加起来都等于10。

图3-14

175. 合适的图形

根据图3-15找出图形排列的规律。请在空格处画出适当的图形。

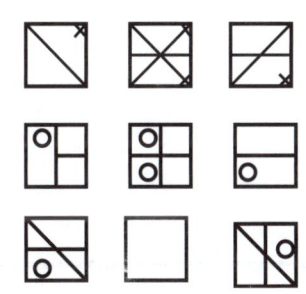

图3-15

176. 数字之和

图3-16的矩形中包含了16个小三角形，将数字1~16分别填入三角形中。要求你填入这样的大三角形（包含4个小三角形）中的数字之和等于34。

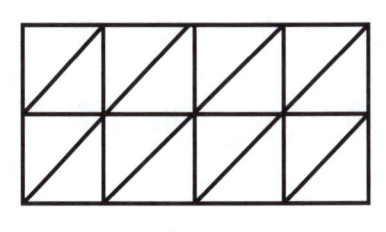

图3-16

177. 滚动的台球

如图3-17所示，台球击中了球台边的缓冲橡皮垫，即图中箭头所标示的点位。如果这枚台球仍然有动力继续滚动，那么最后它将落入哪个球袋呢？

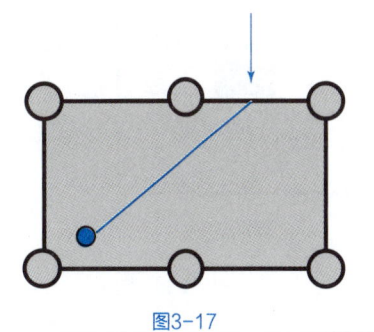

图3-17

178. 正方形的分割

将一个正方形的角切去四分之一，那么剩下的图形能不能分割成恒定（所谓恒定就是有相同形状，面积也相等）的四块？答案是能，如图3-18所示。

与此相仿，把一个等边三角形的顶角切去四分之一，剩下的图形也能分割成恒定的四块，如图3-19所示。

依此类推，图3-20是一个正方形，是否可以分割成五个恒定的图形呢？

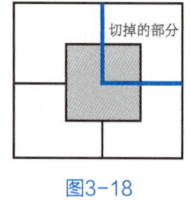

图3-18

图3-19

图3-20

179. 等分

将图3-21分为面积和形状均相同的6等份，你能办到吗？

图3-21

180. 十二点问题

你能用一些线段连接图3-22中的12个点形成一个闭合图形而不让笔离开纸面吗？至少需要几条线段？

图3-22

181. 烦恼的财主

财主家里有一块地，形状如图3-23所示。他有3个儿子，儿子长大后，他决定把地分成3份给3个儿子。3个儿子的关系素来不好，他们要求每个人的地不仅面积要一样，形状也要相同。财主很苦恼，你能帮他想想办法吗？

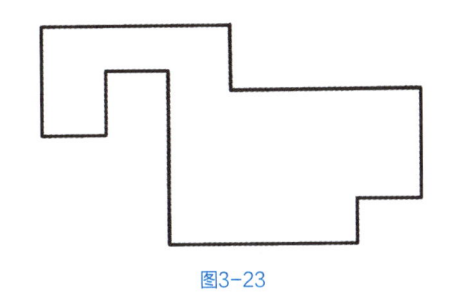

图3-23

182. 5个变10个

图3-24所示的五角星，包含了5个三角形（只由3条边围成，内部没有多余的线）。请在这个图上添加2条线，让三角形变成10个。新的三角形内部也不能有多余的线。

图3-24

183. 完整的棋盘

将下面的几个图形分别填入图3-25所示的棋盘中，并且每行与每列的图形都不得重复。你能够完成任务吗？

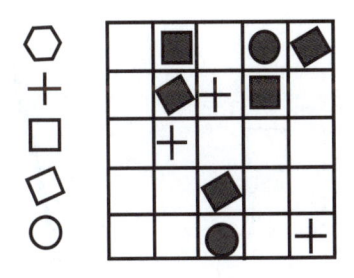

图3-25

184. 找不同

找出图3-26中5个图形中与众不同的那一个。

图3-26

185. 移动棋子

如图3-27所示，10枚棋子排成一行，5枚白，5枚黑。现在将两枚连在一起移动，其后面的棋子随之顺序向前补缺空，此移动完成后为移动一次。共移动四次，棋子就会黑白交错排列，应该如何移动呢？

图3-27

186. 该涂黑哪四个

图3-28是由10个方框组成的一个大三角形。现在请你用彩笔把其中的4个方框涂黑，使剩下的方框不能构成等边三角形。你知道应该涂黑哪四个吗？

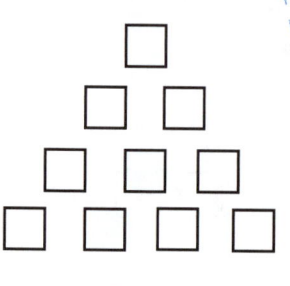

图3-28

187. 填图形

你能找出图3-29的排列规律，并指出问号处应当填入的图形吗？

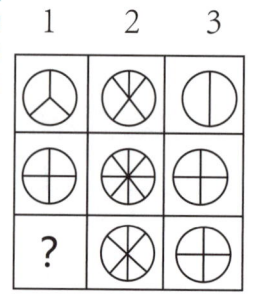

图3-29

188. 写给外星人的信

一个四阶幻方图就是在一个4×4的有16个方格的方阵图中，每格分别填入1至16这16个数字，使得每行、每列以及两条对角线上的四个数之和都相等。

这个四阶幻方图是在印度俱拉霍被发现的，是11世纪时刻在一个碑上的。德国画家阿尔伯特·丢勒在1514年所作的蚀刻画《忧郁》中加入了这个幻方。它比一般意义上的幻方有更多的奇妙之处，它不仅要求对角线的四个数之和相等（等于34），而且任何一条对角线上四个数之和也都等于34。也就是说，幻方的上边第一行移到最下一行，或者左边第一列移到最右一列，仍是幻方。

1977年，美国发射的"旅行者号"宇宙飞船上，就带了一张四阶幻方图。现在就请你来完成这个幻方图（图3-30）。

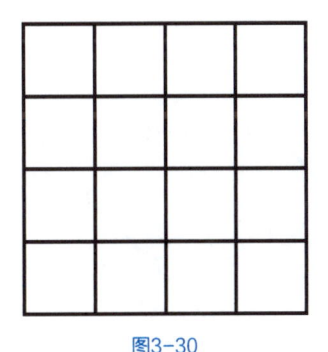

图3-30

189. 填空

如图3-31所示，要求每行每列上均有字母A、B、C、D和E，并且每个字母最多出现1次。同时，要求在用粗线条隔开的图形中，也都有字母A、B、C、D、E，同样，每个字母最多只能出现1次，你能做到吗？

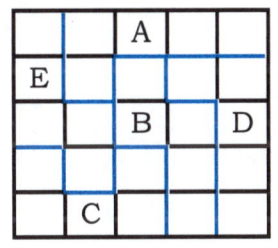

图3-31

190. 弦的交点

如图3-32所示，分别有3组3个相交的圆，分别找出每组圆的3条弦的交点，再把这些交点连接起来，看看会组成一个什么样的多边形？

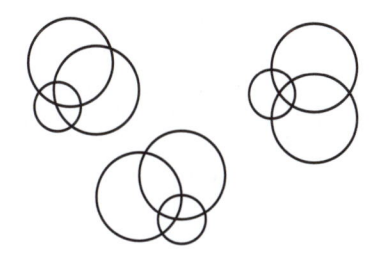

图3-32

191. 平分面积

图3-33所示有5个圆，这5个圆有着相同的直径，穿过点A画1条直线将它们分成面积相同的两部分，你能做到吗？

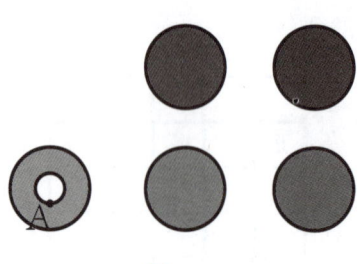

图3-33

192. 神奇的木棒

图3-34中是10根等长的木棒。你能仅仅移动2根木棒就组合成2个正方形，并且没有多余的木棒剩下吗？

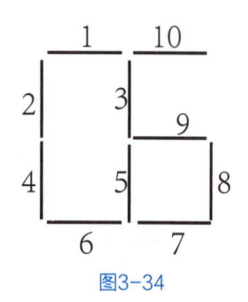

图3-34

193. 几个正方形

如图3-35所示，16个点能围成几个正方形？

图3-35

194. 动物园

老王是当地动物园的一名管理员。他把9只动物混合圈养在一个正方形的围栏里。可是没过多久，狮子开始咬骆驼，而大象把狮子踩了，这样大家很不高兴。于是，老王决定把每只动物分别圈在各自的围栏里面。他只在大围栏（图3-36）里面建了两个围栏就把所有的动物各自分开了。你知道他是如何修建围栏的吗？

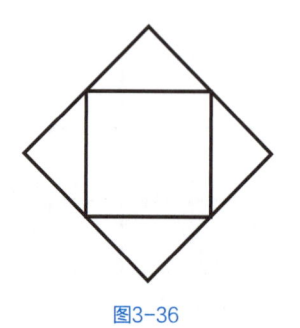

图3-36

195. 谁点了牛排

4个好朋友前往一家西餐厅用餐,他们选了个圆桌,按照A、B、D、C的顺序(图3-37)坐下了,并在看过菜单之后,接连点了主菜、汤以及饮料。

在主菜方面,李先生点了一份鸡排,王先生点了一份羊排,而坐在B位置的人点了一份猪排。

在汤方面,刘先生以及坐在B处的人都点了玉米浓汤,李先生点了洋葱汤,另一个人则点了罗宋汤。

在饮料方面,刘先生点了热红茶,李先生和王先生点了冰咖啡,而另一个人则点了果汁。

当大伙儿点完之后,这才发现:邻座的人都点了不一样的东西。如果李先生坐在A的位置,试问,坐在哪里的先生点了牛排?

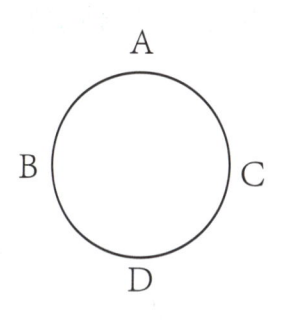

图3-37

196. 老师的生日是哪天

小刘和小红都是张老师的学生,张老师的生日是M月N日,2人都知道张老师的生日是下列10组中的一天,张老师把M值告诉了小刘,把N值告诉了小红,然后问他们老师的生日到底是哪天。

3月4日、3月5日、3月8日、6月4日、6月7日、9月1日、9月5日、12月1日、12月2日、12月8日。

小刘说:"如果我不知道的话,小红肯定也不知道。"
小红说:"本来我也不知道,但是现在我知道了。"
小刘说:"哦,那我也知道了。"
请根据以上对话推断出张老师的生日是哪天?

197. 小球的加减世界

如图3-38所示,你能算出问号处应该怎样摆放小球吗?

图3-38

71

198. 有趣的棋盘

在一个6×6的棋盘中,已经有了两颗棋子(图3-39),现在请你再在棋盘中放入几颗棋子,使得每行、每列、每条斜线上都不会超过两颗棋子,最多可以放几颗棋子?

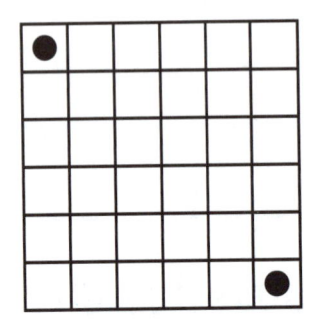

图3-39

199. 巧分"工"字

图3-40中的"工"字是由面积相等的小方块组成的,怎样切分才能把它分为4个面积和形状都相同的部分?

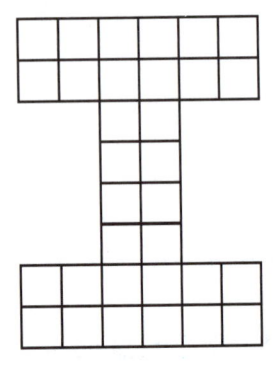

图3-40

200. 小纸盒

哪一个纸盒组合后会与图3-41的图形相同呢?

图3-41

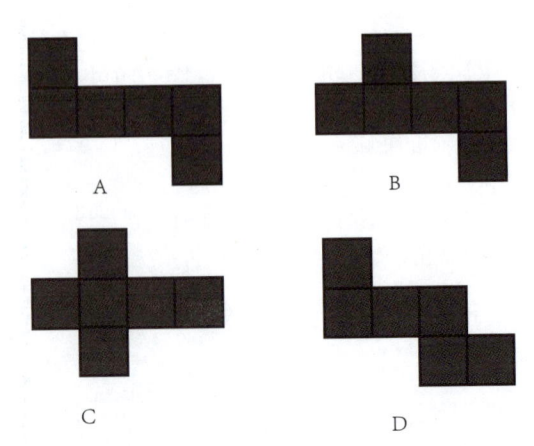

A

B

C

D

201. 立方体的切面

下列哪幅图不可能是立方体（图3-42）的切面图？

图3-42

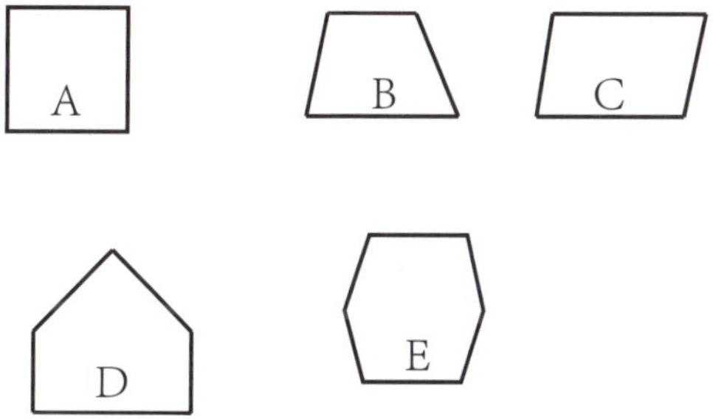

202. 合适的三角形

如图3-43所示，根据所给图形的规律，问号处应该填什么图形？

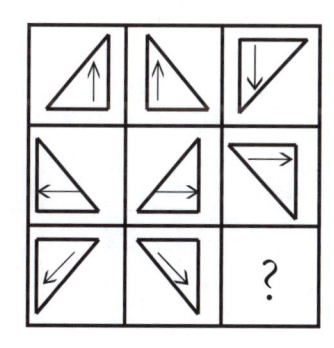

图3-43

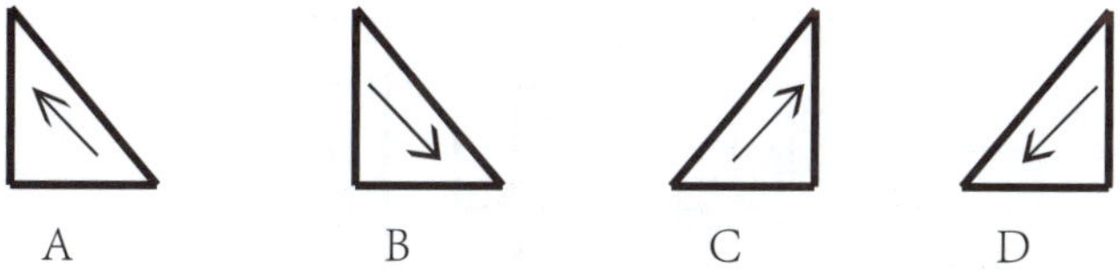

203. 立方体网格

一个立方体有6个面，但是图3-44中的方格都能构成立方体吗？观察下面的方格，哪些可以构成立方体？

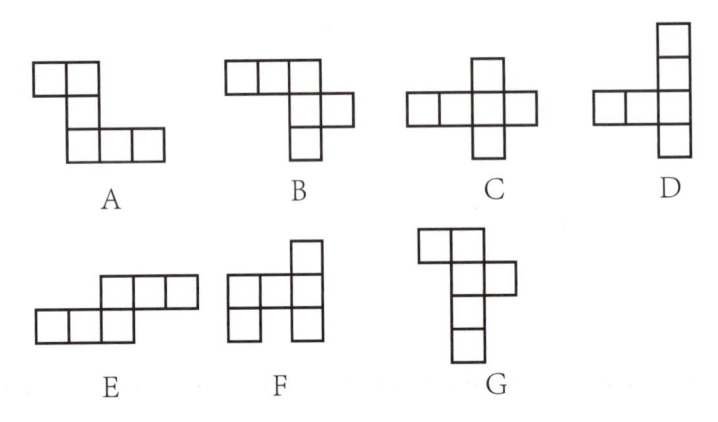

图3-44

204. 找规律

根据图3-45给出的图形的规律，下一个图形应该是哪一个？

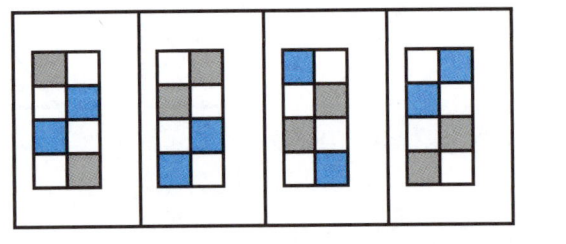

图3-45

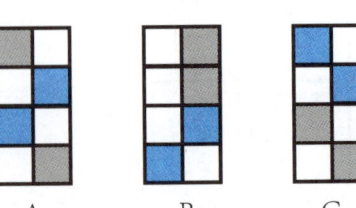

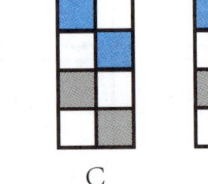

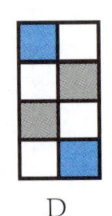

205. 找规律

根据图3-46所给出的图形规律，问号处应该填什么图形？

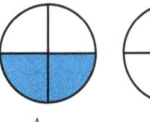

图3-46

206. 找规律

根据图3-47所给图形的规律，问号处应该填什么图形？

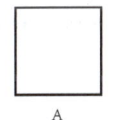

图3-47

207. 骰子推理

一个正方体的六面分别写着a、b、c、d、e、f六个字母，根据以下4张图，推测b的对面写有什么字母（图3-48）。

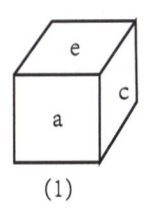

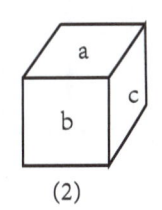

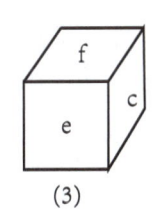

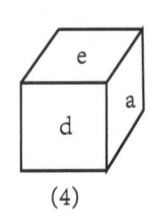

图3-48

208. 灵光一闪

小红和小王是同桌。两人都喜欢学习几何，对奇妙的几何图形产生了兴趣。某天，小明遇到了一个难题，要将一个图形（图3-49）分成面积相等、形状也完全相同的两部分。小红试了一次又一次，始终没有成功。于是她对小王说："你如果能帮我想出一个方法来，放学后我请你吃零食。"有零食的诱惑，小王满心欢喜地把难题揽过去了。小王苦苦思索了半个多小时，灵光一闪计上心头，在纸上画了画，两个面积相等、形状相同的图形出现了。小王是如何分的呢？

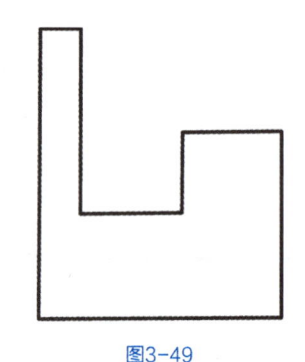

图3-49

209. 老李的难题

老李是一个客房管理员，每天下班之前他都要巡查15个房间（图3-50），每两个相邻的房间之间有门相连。他理想的计划是从入口进去，每个房间只进出一次，最后走遍所有房间，并且到最里面的管理室签退。

老李试了很多次都没有找到最理想的路线，你能帮他画出这个路线图吗？

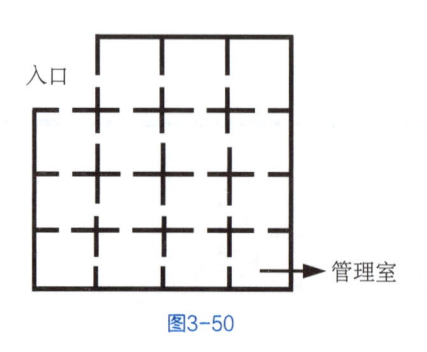

图3-50

210. 妹妹的愿望

星期天，小红要去参加同学聚会，可是她的妹妹丽丽缠着她要一起去。为了甩掉这个"小尾巴"，小红灵机一动，给自己的妹妹出了个难题。她从桌子上拿出了20根火柴摆出了5个小正方形（图3-51），并告诉丽丽只要把它变成9个正方形就同意带她去，但是条件是只能移动其中的3根火柴。

丽丽想了很久也没有摆出来，你能帮助她实现自己的小小愿望吗？

图3-51

211. 失踪的正方形

把一张方格纸贴在纸板上。按照图3-52在上边画上正方形,然后沿着图示的直线切成5小块。当你按照下图的样子把这些小块拼成正方形的时候,中间居然出现一个洞。

上图中的正方形是由49个小正方形组成的。下图中的正方形却只有48个小正方形。哪一个小正方形没有了?它到哪里去了?

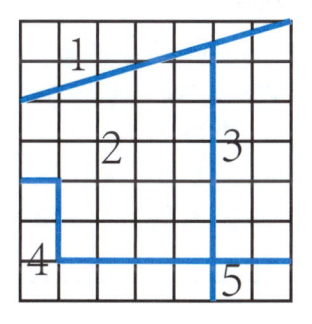

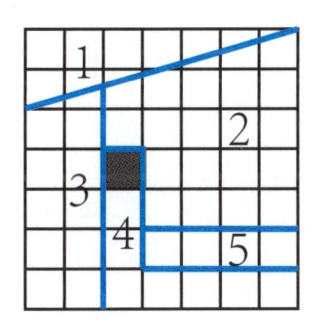

图3-52

212. 有几种路线

如图3-53所示,有16个点,呈4×4排列。现在用一条连续的线段把这些点连起来,形成封闭的路线(封闭的路线是指起点与终点都是同一点的线路)。你能找出几种路线?

图3-53

213. 魔幻方格

将1至25这25个自然数分别填入图3-54所示的方格子中,使得每行、每列和每条对角线上的数字之和为65,而且要求在涂了颜色的方格中的数字必须是奇数。

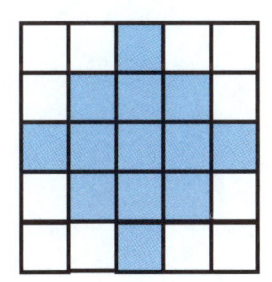

图3-54

214. 找正方形

如图3-55所示，你能找出多少个正方形？

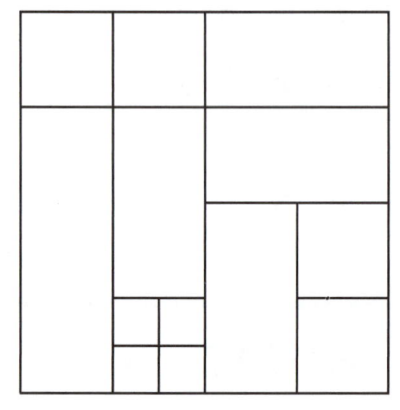

图3-55

215. 连接的图形

有些图形由两个部分组成，这两个部分仅有一个点相连，这样的图形叫作连接图。你能否将图3-56所示的多边形分割成两个相同的连接图？

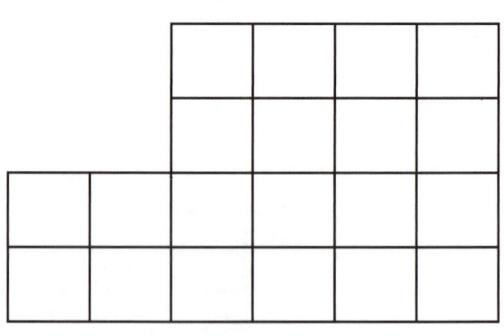

图3-56

Part 4 侦探推理游戏

216. 他为什么是小偷

火车到站了，突然有一位女士喊道："我的行李箱不见了！"

这时正好有一名巡视警察经过，他先让那位女士别着急，看看是不是有人拿错箱子了。

女士发现一个男子提的箱子与自己的一样。于是，她快速地走过去，对那名男子说道："这是你的箱子吗？"

那名男子一怔，马上说："对不起，我拿错了。"男子就把箱子还给了那位女士，并继续向出口走去。

那名警察看到这里，便喊道："他是小偷，抓住他！"

你知道警察为什么说他是小偷吗？

217. 第一场雪

雪后的清晨，老王走在去警局的路上，深深地呼吸了一口清新的空气，觉得特别舒服。

刚刚走到警局，就接到报案：附近有个人家里被盗了，丢失了1万元现金。老王立即动身赶往现场。经过调查发现，作案人是撬开锁进屋行窃的。根据现场的证据可以推断出，作案人是一名左撇子。最终，警方确定，被偷窃者的邻居张三有重大作案嫌疑。老王提审了张三，问道："张三，你是左撇子吧。"

张三点头称是，老王接着问："昨天晚上你在哪儿？"

张三转了转眼珠说："昨晚去朋友家里喝酒了，一直到今天早上才回家。"

"带我去你家里看看！"老王命令道。

老王是想去张三家里找线索的，可是他没想到，刚走到张三的家门外，看着院子里的皑皑白雪，他就立马命人把张三逮捕了。

你知道这是为什么吗？

218. 巧妙报警

一天晚上，李女士一个人在家，突然闯进来一名陌生男子，正是前几天电视上通缉的抢劫犯。李女士很害怕，劫匪说："我只是想在你家中休息一下，喝口水。如果你不宣扬，我是不会伤害你的。"李女士害怕地点了点头。

突然有人敲门，劫匪用枪指着李女士说："不要让他进来，就说你已经睡下了。"

李女士打开门，一看是例行检查的片警小王，就笑着说："原来是小王啊，有事吗？"

小王说道："只是例行检查而已。你这没事吧？"

李女士说道："没事！我都已经睡下了。我哥向你问好呢！"

"哦，谢谢。晚安！"片警小王就离开了。

劫匪一看来的人走了，就放下心来从冰箱里拿出一瓶可乐，躺在沙发上大口喝了起来。

突然，从阳台跳出来几名警察，没等劫匪反应过来就抓住了他。

你知道警察是怎么知道这里有劫匪的吗？

219. 银子与枣子

有一个小商贩，因为聪明能干，挣了不少钱。有一天，他要出门谈一笔生意，怕银子放在家里会被偷，于是把银子装在菜坛子里面，让邻居帮忙保管，可是小商贩一去几年未回。直到第四年之后，他才回来去邻居那里取菜坛子，可刚一打开，小商贩就说邻居偷了他的东西，拉着邻居去找县令理论。

小商贩说："大人，四年前我把银子放在菜坛子里让他帮我保管，谁知我去取回时，菜坛子里的银子已经没有了，肯定是他拿的。"

邻居说："大人，他冤枉我，四年前他让我保管的菜坛子里分明只有枣子，根本没有银子，如今坛子里的枣子还在，怎么能说我偷东西呢？"

县令听了两人的陈述，看了一眼菜坛子里的枣子，断定说谎的人是邻居，县令是如何知道的？

220. 两面军旗

战争结束后，美国有位军人洗了两面军旗晒在绳子上。这时候，他突然发现两面旗子上都有洞，一面是圆洞，一面是三角洞。少尉对他说："旗子的面积相同，布料相同，圆洞和三角洞的面积也相同，你知道哪一面先干吗？"

军人对着军旗看了看，说不出哪面旗先干，你知道吗？

221. 雨后的彩虹

雨后，天空出现了一道美丽的彩虹。人们纷纷走出家门，大街上渐渐热闹起来。忽然，一家银行的报警器响了。原来有个蒙面人闯入了银行实施抢劫，银行员工偷偷按响了报警器，抢劫者抢了一点钱，赶紧逃了出来，混在人群里。

警察火速赶到，封锁了现场，并且根据目击者所描述的体形特征，抓住了两个嫌疑犯。

第一个嫌疑犯说："当时我在银行对面，听到有人抢银行，才过来看热闹的。"

第二个嫌疑犯说："雨停了以后，我正站在路边欣赏彩虹。可是阳光太刺眼了，就准备去买副墨镜。"

警长听了以后说："我已经知道谁是真正的罪犯了！"警长说的罪犯到底是谁呢？

222. 站队

有A、B、C、D、E、F六个人，站成一个纵队。
（1）C在E的前面；
（2）A在F的后面；
（3）E不在第五位；
（4）D和A之间隔着两个人；
（5）B在E的后面，且紧挨着E。
站在第四位的是谁？

223. 偷饼干的老鼠

一窝老鼠的老大派了四只小老鼠一起出去偷食物。它们都带回了东西，并把东西放在一起，向鼠老大报告。鼠老大问道："你们都偷到了什么啊？"

老鼠A说："我们都偷了饼干。"

老鼠B说："我只偷了一颗樱桃。"

老鼠C说："我没有偷饼干。"

老鼠D说："其实有没偷饼干的。"

有老鼠报告鼠老大，说它们之中只有一只老鼠说了实话。

你知道是哪只老鼠说了实话吗？

224. 冤枉的厨师

一次晋文公想吃烤肉。当烤肉端上桌子的时候,晋文公发现肉的外边缠绕着几根头发。这简直是对他的大不敬,晋文公非常生气,于是派人把烤肉的厨师押了上来。

当厨师了解到被传唤的原因后,心中已经明白了几分。看到晋文公怒容满面的样子,心想狡辩只会令晋文公更加生气,于是他到晋文公面前连忙认罪,说:"臣该死!臣的罪过有三:其一,我切肉用的刀,锋利得如同宝剑干将一样,肉被切断,可是没有切断肉外面的头发;其二,我用铁锥串起肉来烤,反复翻动,却没有发现有头发;其三,肉被烤得赤红,最后被烤熟,可缠在外面的头发不焦。"然后,他又对晋文公说:"肉烤熟后,由别人直接送来,是不是有人嫉妒我的技艺呢?"

晋文公听了这番话,猛然省悟,立刻派人调查。果然有人陷害厨师,于是晋文公下令杀了那个人。

烤肉上有头发,这本来是厨师的失职,完全可能被处死,但是为什么晋文公饶了厨师而另做调查呢?

225. 机智的船长

英国货船"伊丽莎白"号首次远航日本。清晨,货船进入日本领海,船长大卫刚起床就去布置进港事宜,并将一块金表遗忘在了船长室。

15分钟后,他回到船长室,发现那块金表不见了。船长立即把当时正在值班的大副、水手、旗手和厨师找来盘问,然而这几名船员都否认进过船长室。

每个人都声称自己当时不在场。

大副说:"我当时因为摔坏了眼镜,回到房间换了一副,当时我肯定在自己的房间里。"

水手说:"当时我正忙着打捞救生圈。"

旗手说:"我把旗挂倒了,当时我正在把旗子重新挂好。"

厨师说:"当时我正在修理电冰箱。"

平时便爱好侦探故事的大卫根据他们各自陈述的情况,略微思索,便找出了说谎者。事实证明,这个说谎者就是小偷。

你能猜出谁是小偷吗?

226. 于成龙断案

于成龙是康熙时期的著名廉吏。有一天他接了一个官司，升堂后，一位米店老板和一个乡下人进来了。

米店老板说："这个乡下人卖柴路过我家门口，踩死了我家的一只鸡。我的鸡是良种鸡，只要喂几个月就能长到9斤（1斤＝500克）重，按照现在的鸡价，1斤是100钱，9斤刚好900钱，请大人判他赔我900钱。"

于成龙一听，笑了笑说："好，我就判农夫赔你900钱。"

农夫听了，大声喊冤说："我卖10担柴还没有900钱呢！"米店老板连称青天，可于成龙又说了一句话，农夫不再喊冤，米店老板却连喊倒霉。

你知道于成龙说了什么吗？

227. 真假百马图

北宋时期，有一天在京城的街头上，有一人手执画卷高声叫卖："珍藏名贵古画百马图，仅此一幅，识货者切莫错失良机！"

路上的行人一听是名画百马图，纷纷围过来观看，只见画面上群马嬉戏，踢腿昂首，千姿百态，栩栩如生，其中最引人注目的是一匹红鬃烈马，圆睁双眼俯首吃草。围观者禁不住发出赞叹声。

忽然，人群外有人传来几声冷笑，并大声说："各位父老乡亲，真正的百马图在这里。"说完也展开一幅画。两幅画几乎一模一样，只是后一幅画中埋头吃草的红鬃烈马双眼闭合，好像被草的香甜陶醉了。

这下人群中像炸开了锅，两个卖画的人争论不休，都说自己的是真品，对方的是赝品。围观者纷纷议论。到底哪一幅才是真正的百马图呢？你能猜出来吗？

228. 农夫过河

有一个农夫，住在河的南岸。他有一个农场在河的北岸。每天，他都要过河去他的农场。河水很深，附近没有桥，农夫又不会游泳，所以他每天都要驾一条小船过河。

这一天，农夫居然迅速地跑过河去，而且身上一点也没有湿。这是为什么呢？

229. 名马被盗

一个农场里的一匹名种马驹被盗了。警方接到农场主的报案，调查后判断，住在近郊的一个叫张三的人嫌疑最大。于是，两名警察前去张三家询问情况。

张三说："你们怎么会怀疑我是那偷马贼呢？那天晚上，我家的一头骡子要生产，我整夜都在照顾它。可惜由于早产的缘故，到了第二天早上，母子都死了。"

"难道你家还有公骡子吗？"警察问道。

"当然有了。我是用我的公骡子和母骡子交配，希望能产下骡驹，可结果连我的那头母骡子都死了。我真是倒霉啊。"

警察一听，笑道："你别再装了。你的这个谎言是骗不了我们的。还是老实交代吧。"

张三哪里说谎了？

230. 美丽的倒影

在北半球一个著名的水乡城镇，发生了一起命案。

为了消除其他游客的恐惧心理，不给这个美丽的水乡小镇带来负面影响，办案神速的警察在第二天就找到了有重大作案嫌疑的男子张三。

警察开门见山地问张三："昨天晚上10点钟左右你在什么地方？"

"在东西河上钓鱼。"张三强作镇静地回答道。

"那条河跟它名字一样，河水是由东向西流的，那么你是在河的哪边钓鱼？"警察又问道。

"在南岸。昨天晚上月亮很圆，河面上映照出洁白的月亮，很漂亮。"张三又答道。

"昨晚确实是个月明星稀的美丽夜晚。但是我可以肯定你在说谎，杀人的凶手就是你！"警察哈哈一笑，然后非常肯定地说道。

警察是根据什么认定张三就是杀人凶手呢？

231. 李良审鹅

汉朝的时候，沛县有一个农民，家里养了几百只鹅，大家都叫他"鹅大王"。他喂养的那些鹅，每只都身肥体壮，人见人爱。

这一天，"鹅大王"早早就起来，挑着两大笼子鹅，到城里去卖。不一会儿，一大半的鹅就卖完了。"鹅大王"觉得肚子饿了，就挑着剩下的几只鹅，来到一家饭馆。他把鹅放在饭馆的院子里，然后吃早饭。吃完后，他提着鹅笼子正要走，饭店老板却拦住了他，说鹅是他店里养的。

"鹅大王"和饭馆老板争吵起来，有个老人说："大伙儿还是别争吵了，我们到县衙去，请县老爷判个是非吧。""鹅大王"挑着鹅笼，和饭馆老板一起来到了县衙，人们也都跟着去，想看个明白。

县官是个昏官，听了两个人的诉说，也不知道谁在撒谎，急得满头大汗。这个时候，人群中有个叫李良的书生，悄悄地对县官说："我只要审一审那几只鹅，就一定能够查出真相。"县官以为他在胡闹，可是转念一想，就让他审吧，自己可以趁机脱身。

李良在地上铺了一块白布，把鹅都赶到白布上面，然后大声问鹅："快快告诉我，谁是你们的主人？"

鹅哪里能够听懂他的话，都伸长了脖颈，嘎嘎地拼命叫。李良侧过耳朵，好像在很认真地听。就这样，过了半个时辰，鹅真的"告诉"了大家，谁是它们真正的主人。

鹅当然不会说话，可是李良是怎么样让鹅"说"出真相的呢？

232. 地铁站的疑犯

在一个冬天的深夜，约克探长和亚瑟警官正走在从警局回家的路上，一边走一边聊着当天的一桩案件，突然发现前面有个歹徒正在拦路抢劫，二人便冲上前去想将歹徒抓住。

歹徒一看见他们，吓得掉头就跑，约克和亚瑟急忙追赶。歹徒跑了好长一段路，一直跑进了地铁站，约克和亚瑟也紧跟着追了进去。

因为时间已经很晚了，地铁站的人非常少。约克和亚瑟发现地铁站只有六个人，而且体形和歹徒都很像。

其中一个人正在和管理员争吵，吵得很凶。第二个人在一旁津津有味地看热闹。第三个人正在看报纸，脸被报纸遮住了，根本看不清面目。第四个人正在原地跑步取暖。第五个人一边等地铁，一边不停地看手表，显得很着急。第六个人裹着大衣坐在座位上，冷得直发抖。

约克观察了一下四周，发现并没有藏身之处，因此断定歹徒就在这六个人当中。但是到底是谁呢？

约克仔细地观察了这六个人，思考了一下，突然指着其中一个人对亚瑟警官说："他就是嫌疑犯！"

你知道约克是怎么找出嫌疑犯的吗？

233. 偷金贼

从前，有支商队，每人带着一袋金子。他们穿过一片森林时，忽然有一个商人大声叫了起来："不好了，有人把我的一袋金子偷走了。"

同行的几个人都说没有拿。这个时候，有位老人骑着一匹白马走过来，那个商人请求老人帮他找回金子。

老人说道："你看见我的这匹白马了？它能帮你找出偷金子的贼。偷金子的人只要一拉它的尾巴，它就会叫。"说着，老人就下了马，将马牵进帐篷里。

这几个人分别进去拉了马尾巴，但是马都没有叫。接着，老人又闻了闻每个人的手。当他把第五个人的手凑近自己面前的时候，说："你就是偷金子的那个贼！"

这个人马上跪下来说："请饶恕我吧！是我偷了他的金子，就藏在一棵大树旁边的洞里。"

你知道老人是根据什么断定第五个人就是偷金子的贼的吗？

234. 结冰的玻璃

乔治先生是位考古学家，独自住在郊外的别墅里。他每年都有好几个月在外工作，不在家的时候，就委托邻居山姆帮他照看房子。

这一天早晨，乔治先生远道归来，山姆急忙跑来告诉他，前一天晚上他家被盗了。家里被翻腾得乱七八糟，经过清点，发现丢失了几件昂贵的古玩和一大笔钱。乔治先生便请来了约克探长。

约克探长向邻居山姆了解了失窃的基本情况。

山姆说："昨天夜里我听见乔治家里有响动，便起来看看出了什么事情。我走到别墅的窗户边，发现玻璃上结了厚厚的冰，什么也看不清楚。我便朝玻璃上哈了几口热气，这才看清楚有个男人在他家翻箱倒柜。我冲进去与他搏斗，但是盗贼很狡猾，还是让他溜走了……"

"够了！"约克探长突然厉声打断了他的话，"你的把戏该收场了！山姆先生，你就是那个小偷！"

请问，你知道这是怎么回事吗？

235. 精彩的魔术表演

一个五星级酒店的总经理史密斯先生举办了一场酒会,邀请了许多中外名流来庆祝他的酒店成立二十周年,并将自己收藏多年的珍贵邮票、明信片拿出来供来宾观赏。这时候,突然有一个家伙趁人不注意,随手拿起一张纪念明信片装到了自己的口袋里,却没想到,还是被史密斯发现了。史密斯心想:如果当场揭穿的话,会让那家伙难堪;不理会吧,自己的收藏品就属于他人了。想了又想,史密斯请来一个魔术师朋友,他把自己的情况给魔术师讲了一遍。请魔术师帮助他取回宝物,魔术师满口答应。

于是,史密斯对来宾说:"各位朋友,为给今天的酒会助兴,我特地请来著名的魔术师为大家表演精彩的节目。"魔术师上台表演了两个小节目,便成功地将宝贝取了回来。

你知道魔术师用了什么妙计,既取回了收藏品又不使得那家伙难堪吗?

236. 冰冷的灯泡

一个夏天的傍晚,侦探安妮小姐来到和她约好的朱莉家中吃晚饭。仆人先招呼她在客厅坐下,然后上楼去通报。不到一分钟,二楼突然传来惊叫声,接着,仆人慌张地出现在楼梯口,喊道:"不好了,朱莉小姐可能遇害了!"

安妮听罢,立即跑去与仆人撞开书房的门,书房里没有开灯。月光透过窗户射了进来,书桌上放有一盏吊灯。

仆人对安妮说:"我刚才来敲门,没人应答,门从里面反锁着。我从锁孔往里一瞧,灯光下只见小姐趴在桌上一动不动。忽然,房中漆黑一片,我猜一定是凶手关了灯逃跑了。"

安妮用手摸了摸灯泡,发觉灯泡是冰凉的。她迟疑了一下,打开灯,只见朱莉头部被人重击,躺在书桌旁。

安妮问仆人:"你从锁孔往里看时,书房的灯泡是亮着的吗?"

仆人回答说:"是的。"

"不!你在说谎,凶手就是你!"说完,安妮就给仆人戴上了手铐。

安妮是怎么知道仆人就是凶手呢?

237. 跨国审讯

警察对三个犯罪嫌疑人同时进行审讯。他对A说："我最后问你一遍，究竟是不是你抢了那个女人的金项链？"
A叽里咕噜说了一大堆外语，而且很激动，但警察什么都没听懂，警察问其他两名嫌犯A在说什么。
B说："他在为自己辩护，说自己没有抢劫。"
C说："他已经招供了，说项链是他抢的，他现在很后悔。"
谁才是真正的罪犯？

238. 第二次世界大战中的间谍

第二次世界大战期间，英国警方得到一份情报，说一个纳粹间谍将从南美来到伦敦，随身携带了一笔10万英镑的巨款，准备发展间谍组织。英国警方对他进行了秘密监视，并在他下船几个小时后故意制造了一起车祸，把他送进了医院。

趁此良机，警方仔细检查了他的衣服和行李。结果，除了一个公文包里面放有几封他在英属圭亚那的朋友写给他的信之外，一无所获，根本就没有巨款的影子。

警方也考虑到这个间谍有可能玩弄其他花招，比方说通过邮局把钱寄给自己，但是此时正值战乱时期，邮政业务也没法正常运行，因此这个方法是行不通的。他也可以将宝石吞入自己的体内，但是在医院里进行X射线检查时已经排除了这种可能性。

这个间谍如何能够藏起这10万英镑呢？

239. 一副银牙签

一天，陈达与酒店老板赵富贵撕扯着来到县衙告状。

陈达先起诉道："小民陈达，以卖布为生。前天赵富贵到我处取走两匹细布，说好今日付钱。谁知道今日我来收账，他竟然说不曾拿过我的布匹。小民的生意薄本小利，经不起讹诈，求老爷为小民做主。"

赵富贵反唇相讥，两个人在黄知县面前各执一词，互相指责。

黄知县喝住了他们。待问过两人详细情节后，扔下捕签，大声对陈达道："大胆刁民，自己卖布亏了本，竟然诬告他人，讹诈银两。来人，将刁民陈达押下！"

黄知县接着来到赵富贵前面，与他攀谈起来，言语间甚是投机。

这个时候，黄知县看见赵富贵胸前露出一副银牙签，便道："本官早就有心打造一副牙签，由于没有物样，难以如愿，今天借赵老板的牙签仿造一副行吗？"赵富贵急忙说："老爷请随意仿制打造。"结果，黄知县就靠着这一副银牙签，便破了此案。

你知道黄知县是怎么样破案的吗？

240. 昏庸的皇帝

有一个皇帝把王法当作儿戏。一天，他别出心裁地下了一道圣旨：犯人可以当着他的面摸"生死卷"，摸到"生"字者当场释放，摸到"死"字者立即处死。

当朝宰相是个倚仗权势、无恶不作的酷吏。他为了拔掉眼中钉，便在皇帝面前诬告一位大臣有谋反之心。皇帝听信谗言，立即命禁卫军将那位大臣拘禁，并令其次日摸"生死卷"当场定生死。

宰相随后买通掌管"生死卷"箱子的小吏，要他在两张纸卷上都写有"死"字。这样一来，那位大臣注定难逃一死。

这一阴谋被一位忠臣得知，当夜以探监为名，告知了那位受冤的大臣。

第二天，皇帝临朝，为了制造一种恐怖的气氛，特意在装有"生死卷"的箱子前面架起了油锅，如果摸出的是"死"字，当场就会把那位大臣投入滚烫的油锅中。

在众大臣忐忑不安的眼光中，那位大臣从容不迫地把手伸进纸箱中。

想想看，那位大臣怎样才能免于一死？

241. 一把折扇

济南府人胡某在外做生意很久没有回来。四月的一天,他的妻子一个人在家,晚上被盗贼所杀。那天晚上下着小雨,人们在泥里拾到了一把折扇,上面的题词是王名赠给李前的。王名不知道是谁,但李前,人们都认识,平时言行举止很不庄重,于是乡里的人都认定是他杀的人,把他拘捕到公堂上,严刑拷打之下,他也承认了。案子已经定了,一天,县令的夫人笑着对县令说:"这个案子判错了。"接着,说出了一番话。

县令听后心服口服,以此去找罪犯,果然发现了事情的真相。

你知道县令的夫人说了什么吗?

242. 奇怪的车祸

大街上发生了一起车祸,一辆汽车撞伤了一位老人后逃跑了。警察根据各种线索,当天晚上就找到了肇事嫌疑人张三,一个1.9米高的大个子男人。

张三说:"我今天上午没用过这辆车,是我妻子在用。"

警察看了看张三的妻子,是一位娇小玲珑的美人,身高不过1.5米。她向警察证实了丈夫的话。

警察说:"根据目击者提供的线索,撞人的汽车噪声很大,好像消声器坏掉了。"

"这个很简单,那咱们就去试一下吧!"张三把警察带到了车库,打开车门,然后舒舒服服地坐在驾驶座位上,开动汽车,在街上转了一圈,一点噪声都没有。

警察看着张三的表情说:"别再演戏了,这个消声器是你刚刚换上的。"张三依然辩解说:"警察先生,没有证据的事情可不能乱说啊。"

警察说出自己的理由,张三立马瘫软在座位上,老老实实交代了犯罪的经过。

你知道警察是怎么判断出张三就是肇事者的吗?

243. 伪造起火

　　一个秋天的深夜，一家贸易公司的财务室突然起火了。虽然经过值班人员和随后赶来的保安人员奋力扑救，火终于被扑灭了，但是仍有部分账册被大火销毁了。

　　闻讯赶来的警察对现场进行了仔细调查，然后向浑身湿透的值班人员询问案情。这个可怜的人说道："前几天，我发现室内的电线时常爆出火花。今天，我将全部账册翻了出来，堆在外面，准备另外换一个安全的地方，哪知道电线漏电失火，引燃账册，酿成了火灾。幸亏我及时放自来水扑灭，才没有酿成大祸。"

　　"你能肯定是因为漏电失火的吗？"警察追问。

　　"是的，我能肯定。我们这里没有人抽烟，又没有能引燃的其他物品和电器。对了，我刚进来救火时，还闻到了电线被烧后发出的糊味。"

　　"够了！"警察呵斥道，"你是因为自己的贪污行为暴露而故意纵火的吧？！还不快老实交代你的罪行！"

　　你知道警察为什么会说值班人员是故意纵火的吗？

244. 猎人死亡之谜

　　在大山的一片森林边，有两间低矮的小屋子。两个屋子里面分别住着两个年轻的猎人，一个叫张三，一个叫李四。他们虽然是邻居，但是从来不一起去狩猎。因为张三和李四两个人性格都很倔强，经常为了谁先捕捉到猎物发生争执。

　　这一年冬天，李四因为秋天狩猎所得丰厚，足够他享用几个月的了，所以冬天里他就没有进山捕猎。由于寒冷，李四把门窗关紧，升起了炭炉取暖。

　　张三却冒着严寒，一个人在山林里转了好几天，最后总算打到一只豹子。他很得意，打算拖着死豹子回家好好地向李四炫耀一番。谁知道他刚刚推开李四的房门，便惊慌地跑了出来。原来，李四趴在地上，一动不动早就死去了。

　　张三急忙去报了官。县令派县衙里面最能干的捕头来查此案，捕头看了现场后觉得李四的死因很奇怪。因为李四十分健壮，可是他的尸体却像中了毒。捕头发现，这里方圆几里之内，除了张三没有其他居民。

　　到底是不是张三杀害了李四呢？

245. 孔融的猜想

孔融小的时候非常聪明，被人誉为神童。10岁那年，他随父亲来到洛阳。当时名气很大的司隶校尉李元礼的父亲大摆生日宴席。前来拜寿的人不是李元礼的亲朋好友，就是那些才智出众、名声在外的人。

这天，孔融也随父亲前去李元礼家拜寿，不料却被下边的人拦住。于是，孔融便机敏地说：“我是李府君的亲戚，你只需如实禀报。”下边的人立即通报上去。

李元礼听说有个10岁孩童自称是自己的亲戚，于是好奇地将孔融叫到府中，并问：“你和我有什么亲戚关系？为何自称是我的亲戚呢？”孔融言之凿凿地说：“过去我的祖先仲尼曾经拜您的祖先老子为师，所以我跟您是世世代代友好往来的亲戚关系。”

李元礼及众宾客皆大吃一惊，纷纷称孔融机警过人。这时候太中大夫陈老却走上前说：“小的时候很聪明，长大了未必很有才华。”孔融听后也说了一句话，当场便让陈老哑口无言，十分难堪。

你知道孔融说了一句什么话吗？

246. 辨别奸细

在抗日战争时期，有一个侦察员奉命到桃花岛侦察敌情，与一个渔夫打扮、左手拿着一顶写有"王"字的斗笠的人接头。

侦察员准时到达岛上，只见码头上站着一个模样与渔夫相似的人，右手斗笠上的"王"字字迹也完全相同。

侦察员很是高兴，很想快步走上前去接头，但是他又突然止步。因为他想起临走时上级对他的嘱咐："一个侦察兵必须处处冷静、沉着、仔细，千万不能贸然行动……"

于是，他又观察了一遍，终于在斗笠上发现了疑点，并断定这个人是敌人派来的奸细。

侦察员发现了什么疑点？

247. 书页里的秘密

第二次世界大战结束以后，国际格局发生了重大变化，当时最强大的两个国家就是苏联与美国。苏联与美国的政治关系非常紧张，甚至展开了长达数十年的冷战。

为了更多地了解美方的情况，苏联派遣了大批间谍潜入美国的重要部门，目的是盗取情报。当然，美国在这方面也是不甘落后的，同样派遣了大量的间谍到苏联。

一天，一个苏联间谍成功地进入美国的空军基地，盗取了一份有关美国太空计划的资料。该资料十分重要，它详细介绍了美国有关太空计划的一些数据以及具体的实施步骤。

第二天上午，资料被盗之事就被美国方面知道了。于是，军方立刻下令封锁整个华盛顿，要求任何出入华盛顿的人都要接受检查。无论对于美国，还是对于苏联，被盗的那份资料都弥足珍贵。美国军方决心在最短的时间内查到间谍，并且实施逮捕。

不久，美国联邦调查局在一个酒店的地下室里找到了这个间谍。经过审问，间谍终于交代他把资料藏在了华盛顿一所大学的公共图书馆里的一本美国历史书中，并且将其夹在了书中的第53页和第54页之间。他说还没有来得及将情报发给苏联呢！

美国联邦调查局在公共图书馆找到了那本书，但是打开后发现上当了，原来这个间谍是在说谎。

调查局是怎么发现自己被苏联间谍骗了呢？

248. 足智多谋的县官

秦朝刑罚之严使得当时的百姓十分畏惧。不过秦朝初期，官僚机构还算清正，冤假错案相对较少。

一天，许多百姓一起扭送了一个贼眉鼠眼的人到官府来，说他到处偷鸡摸狗，已经激起了民愤。按照当时的惯例，官员甚至可以直接将嫌疑人定罪。但是接下这个案子的县官没有那么武断，他不希望给自己留下以貌取人的恶名。

他采取的策略是，先对嫌疑人和颜悦色，询问他是否真是窃贼。如果不是，只要出示证据，就可以走了。窃贼一看，遇上心善的官员了，就想趁机开溜。他壮着胆子装得很气愤："我当然没有偷东西。我都看见了，有一个和我长得很像的人，确实在到处犯案，我想提醒那个人，但是一露面就被当作窃贼扭送到了这里。"

县官说："可是你也没有证据证明确实有那样一个人啊。这样吧，我打你50鞭子，如果你是罪人你一定受不了；如果你是清白的，你一定能忍受。就让鞭子来告诉我们你的身份吧。"

于是，嫌疑人被打了50鞭子。他硬挺了下来。看到他坚持了下来，官员说："看来你确实不是罪人，那么你走吧。"于是，嫌疑人咧着嘴千恩万谢地离开了。但是他没走出多远就被抓回来了，并且以窃贼的罪名被关进了大牢。

县官何以出尔反尔呢？

249. 钱袋与钱

　　一个穷苦的老翁到山上打柴，在路上捡到一只装有100个铜币的口袋。老翁高兴地数着钱，想到自己能买一大堆好吃的东西，妻子和孩子们也不用挨饿了。不过，他又想到钱袋的主人也许很需要这袋子钱，因此对自己的想法感到惭愧。于是，他把钱袋藏了起来，然后打柴去了。

　　不过，直到晚上也没有卖掉柴，老翁和他的家人只好挨饿。

　　到了第二天，老翁听说有人声称丢了钱袋，失主是一个有钱的商人，他承诺那个将钱袋交还给他的人将得到20个铜币的赏金。好心的老翁来到他面前问道："这是你的钱袋吗？"

　　商人很吝啬，他给予回报的说法是骗人的。他接过钱袋，仔细数了数铜币，装作很生气地说："这钱袋是我的，但是钱少了，我的钱袋里有130个铜币，现在只有100个。一定是你，那30个铜币是你拿走了。我要去告发你，惩罚你这个小偷。"

　　老翁没有想到会这样，一下子不知道该怎么办。但是有人告诉老翁，让他这样说，那些钱就都归老翁所有了。

　　你觉得那个人教老翁说的是什么话呢？

250. 机智的卧底

　　警员王强进入了一个庞大的走私集团做卧底，经过几年的努力，终于接触到了核心层。不过，自从他进入核心层之后，就一直处于高度的监视之下，这使得他无法向组织传递信息。为此，组织上也在严密地监视着他，一方面是出于保护的目的，另一方面也在观察王强是否已经被走私集团同化。

　　这次，组织上的监控人员了解到王强和众集团首脑要到一个靶场练枪，就跟过去了解情况。王强根本没有按照预定的计划发出任何暗号，也从不单独出现在任何环境之下，这明显是不想给外人接近他的机会。而且，王强似乎更加飞扬跋扈，连打靶的时候都要靶场经理亲自为他换新靶子。他打的靶子，别人绝对不可以再打。

　　不过这次，神枪手王强确实发挥得不好，十张靶子打得乱七八糟，几环的都有。他一口气打完十轮，就气呼呼地找人喝酒去了。

　　组织上安排的监控人员把发生的事情报告给了上级。组织上通过王强这次打靶，获悉了走私集团最关键的信息，终于把走私集团一网打尽了。

　　可是自始至终，王强都没有和接头人说一句话，甚至都没有单独行动过。他是怎么传递信息的呢？

251. 县官巧断案

三国时，蜀国有一个县官是破案高手。一天，一名心肠狠毒的女人先杀了自己的丈夫，随后放火焚烧了房屋，对人称丈夫是被大火烧死的。后来，婆家人将那名女子告上了官府，可她拒不认账。

高明的县官想出一计，命手下人找来两只羊，且很快就破了这个案子。

你知道县官有什么锦囊妙计吗？

252. 长短草棍

有三个人被怀疑偷了官府的库银，但是他们不肯承认是自己干的。

若是在平时，官差就直接用刑了。可是这次，恰逢天子巡游，他们不敢造次，于是想出了一个聪明的办法。

首先，他们请了一个道士，让道士算出谁是窃贼。道士表演了一番，很快算了出来。

但是道士没有直接说，他只是给每个嫌疑人派发了一根草棍，然后就扬长而去了。过了好一会儿，捕头来了。他大声叫嚷说，道士告诉他，手中持有最长草棍的那个人就是盗贼。

于是，他让三人把各自的草棍拿给他看。结果，他看见了两长一短三根草棍。那么，谁才是盗贼呢？

253. 幸存者

有一天，一个空中巡逻队飞到一个荒岛上空。这个荒岛一直荒无人烟，但是，这附近曾经发生过一起重大意外事故，四年前，有一艘巨轮沉没在附近。

正当飞行员将要飞过这座荒岛时，他突然发现荒岛上有一个人，于是，他立刻用无线电向总部汇报，但是这名飞行员汇报说这个荒岛上至少有两名幸存者。为什么这名飞行员会这样汇报呢？

254. 艰难的抉择

在一个有暴风雨的夜晚，小王开车路过一个公交车站，看到三个人在等公交车。其中一个是突然发病的老人，急需到医院救治；一个是医生，曾经救过小王的命，小王一直想报答他；还有一个是小王心仪已久的姑娘，如果错过这次机会，也许就没有机会了，因为这位姑娘马上就要回老家了。但是，小王的车上已经装满了货物，只能载一个人。小王该怎么抉择呢？

255. 花粉破案

这是20世纪60年代的一个故事。警察局接到一个女人的报案，称她的丈夫在一个月前和一个叫雅克的朋友一起外出旅游，除了中间打过一次电话之外，再没有联系她，她担心丈夫遭遇了不测。

警官立即拨通了妇女提供的电话，电话那边是她丈夫外出旅行入住的酒店。警察获知，那个叫雅克的人已经退房走了。

经过多方侦察，警方终于掌握了雅克的资料，并据此将他控制。不过在盘问中，雅克并未露出任何破绽，这让警方颇为头疼。最终，只能将雅克的外套和鞋子作为证物暂时收缴，并交给样本分析人员分析，尽管从表面上看，这些衣服并没有什么特别之处。

几天之后，物证分析人员交给警探一个"空"瓶子，并说雅克曾经到过维也纳南部的树林。警方调请了直升机在该区域的树林中搜索，终于找到了一具男尸，后来被证实是报案人的丈夫。

以此为依据，警方正式逮捕了雅克。一个"空"瓶子如何让警方知道受害人的所在呢？

256. 消失的黑钻石

19世纪初期，瑞士的某个小镇以珠宝闻名。其中最引人注目的是一颗罕见的黑钻石，它由一位叫亚瑟的老板收藏。亚瑟为了招揽生意，特意让人制作了一个檀木小箱子，专门存放这颗黑钻石，箱子外面还用封条封着。

某天，镇上来了三位大人物，他们分别是商人威尔斯、文学家巴伦以及学者布莱克。他们远道而来，都是专程来看黑钻石的。但是，当他们三位看过以后，钻石就不翼而飞了。幸好亚瑟发现得还算及时，立即报了警，这时候他们三人还都没来得及离开。

探长接到报警后，立即赶了过来。他注意到，三位客人的右手手指都有点小伤，于是便展开了讯问。威尔斯说他是昨天晚上削苹果时，不小心弄伤的；巴伦说他是不小心被门挤伤的；至于布莱克，他则说是昨天捡碎玻璃时不小心被划破的。另外，他们的手上还都抹着碘酒。

这时，探长注意到布莱克右手受伤的地方已经变成了蓝黑色。探长想了片刻，便微笑着对布莱克说："老兄，请把黑钻石交出来吧！"

你知道探长是怎么发现布莱克偷拿了黑钻石吗？

257. 伪造的卖身契

清乾隆二十四年（1759年），广西苍梧县县民余阿吕向县里控告乡人邱以诚。余阿吕说，邱以诚在康熙五十九年（1720年，当时邱以诚10岁）卖身给余父为仆人，并有卖身契为证。余父死后，余家败落不能养仆人，邱以诚就出外谋生。如今邱以诚已经暴富，而余阿吕自己很穷，因此打算向邱以诚索要赎身钱，不料竟然遭到了邱以诚的毒打。

而邱以诚说，自从自己开了米行以后，余阿吕多次前来赊米，而且欠钱不还，有账可查，因此现在向余索款，彼此关系不好，并无卖身为仆人的事情。

县官看了看余阿吕交来的契据，果然上面写着"邱以诚"的卖身契。县官又让邱以诚照着抄写数行，笔迹也相似，但是邱以诚坚决不承认有卖身之事。

这个时候，县官的一名幕友仔细地看了契据，发现了一些疑点，于是断定契据是伪造的。县官严加审讯，余阿吕无法抵赖，只得认罪。

你知道幕友发现了什么蛛丝马迹吗？

258. 特异功能

有兄弟两人，哥哥每天要把弟弟哄睡，而调皮的弟弟经常会装睡。但是，每次弟弟装睡时，他都会听到哥哥说："弟弟，你不要装睡了，我知道你还醒着呢。"这个时候，弟弟就会睁开眼睛，吃惊地问哥哥："哥哥，为什么你每次都知道我在装睡呢？"哥哥开玩笑地说："因为我有特异功能啊。"

你知道哥哥的"特异功能"究竟是什么吗？

259. 婴儿的眼泪

不久前，某市公安局刑侦大队接到匿名举报：有个代号为"飞狼"的拐卖婴儿的犯罪团伙，近日准备将一批婴儿运往粤闽交界的偏僻山村换取现钞。

火车站里，开往广州的363次特快列车即将发车。一名俏丽少妇怀抱着啼哭的婴儿，正随着缓缓移动的人群走近检票口。

"这孩子怎么了？病了吗？"化装成火车站服务员的女刑侦员王红"关切"地问道。

俏丽少妇幽怨地看了一眼，感叹道："唉，我们夫妻两个忙得没有时间照顾她，结果让宝宝受了凉，患上了感冒，真是愁死人了。"边说边给孩子擦眼泪。

王红上前摸了摸女婴的额头，果然很烫手，问："大嫂，你家千金多大了？"

"到今天才一个月零三天，唉！"俏丽少妇又是一声叹气，不住地给孩子擦眼泪。

"真的？"王红的眼里射出冷冷的光，"我是公安局的，请跟我走一趟！"

在审讯室里，王红面对又哭又闹的俏丽少妇，道出了拘捕她的原因。俏丽少妇终于无话可说，不得不供认了自己的罪状。

你能推断出王红拘捕少妇的原因吗？

260．柯南·道尔

举世闻名的侦探小说作家柯南·道尔，有一次去巴黎的时候，叫了一辆出租马车。他把行李扔到车里，然后爬了上去。但是还没有等他开口，车夫就说："柯南·道尔先生，您上哪儿去？""你认识我？"柯南·道尔有点诧异地问。"不，我从来没有见过您。"

"那你怎么知道我是柯南·道尔的呢？""这个……"车夫说，"我在报纸上看到您在法国南部度假的消息，看到您是从马赛开来的一列火车上下来的。您的皮肤黝黑，这说明您在阳光充足的地方至少待了一个星期。我从您右手中指上的墨渍来推断，你肯定是一位作家。另外，你还具有外科医生那种敏锐的目光，并穿着英国式样的服装。所以，我认为您肯定就是柯南·道尔先生。"

柯南·道尔连说："神了，神了！"并夸赞道："你能如此从细枝末节中观察出一个人的身份，简直赛过了高明的侦探福尔摩斯！"马车在行进着，柯南·道尔目光一瞥，方知车夫有一半是在吹牛。

你说，柯南·道尔为何又认为车夫有一半是在吹牛呢？

261．机智的卫兵

一次，非洲某国政要应邀访问我国某座城市，其安全问题成了这次访问的重中之重。访问的第三天，该城市的领导将陪同政要游览该城市的景点。车队行驶到市政府广场前的时候，看到热情好客的中国人，这名政要忍不住下车步入游人中间交谈，一时警卫工作陷入混乱。几经劝告，这名政要才缓缓地步入市政大厦。

这名政要前脚刚踏进大厦电梯，突然一名非洲裔打扮的男子快速地奔跑过来。警卫们立即拦住他："请出示您的证件。"英语生疏的警卫礼貌地将男子拦下。

那男子听不懂警卫的话，又是耸肩摇头，又是摊手叹息，忙乎了半天才明白警卫要检查他的证件。于是，他从衬衣口袋里掏出一张证件，用英语告诉了警卫，他是非洲这个国家安全部门的保镖，因为政要下车时，他发现游人中有可疑者，于是跟踪观察了片刻，所以耽误了时间，未能与政要一起进入市政大厦。

警卫听了他的解释，担心坚持不放行会影响两国的友好关系，于是便礼貌地用中文告知对方可以进入市政大厦。男子赞扬了警卫的认真并表示感谢后走进了大厦直奔电梯。

当他正要走进电梯的时候，警卫却冲过来抓住了他，并让便衣警察给他戴上手铐。原来，这人正是这名政要敌对阵营派来的杀手。你知道警卫是怎么识破他的吗？

262. 绝处逢生

有一名花季少女被人贩子关在一间连窗户都没有的阁楼上。一天，聪明的女孩借上厕所的机会跑下阁楼，拼命跑向森林。一刻钟后，等人贩子发现她逃脱的时候，女孩早已跑出了三四里路。

女孩竭尽全力又奔跑了一阵子，见身后无人追赶才放心停下脚步，打量着四周。眼前是一片浩瀚的森林，如果她不尽快离开森林，很快就会被抓住。尽管她刚才经过一条羊肠小路，但是这条小路反而会暴露她的行踪。所以，她需要从荒无人烟的地方尽快离开森林，但是此刻，她根本辨不清方向。

天空阴云密布，看起来马上就要下雨了，也无法找到太阳的位置。女孩坐在岩石上，思索着应该如何是好。岩石的坑里积满了雨水，似乎前一天这里下过一场大雨。女孩突然想到一本书中讲的在野外辨别方向的方法，于是立即取下头发上的一个小别针。

几分钟后，女孩便搞清了东南西北，走出了森林。女孩是怎么弄清楚方向的呢？

263. 智辨美酒

战国时期，秦国实行商鞅变法，法度严明。然而，秦孝公的幕僚中，一位号称天下第一智者的人却犯下过失，按律当斩。秦孝公惜才，想救他一命，但又不能破秦律。于是，他设计了一个特殊的行刑方式，希望智者能运用自己的智慧来拯救自己的生命。

刑场上站着两个武士，手中各拿着一瓶酒。秦孝公告诉智者：第一，这两瓶外观上看不出区别的酒，一瓶是美酒，一瓶是毒酒；第二，两个武士有问必答，但是一个只回答真话，另一个只回答假话，并且从外表上无法断定谁说真话，谁说假话；第三，两个武士彼此之间都互相知道底细，即互相之间都知道谁说真话或者假话，谁拿毒酒或者美酒。

随后秦孝公说道："你可以向两个武士中的任意一个提一个问题，根据得到的回答判定哪瓶酒是美酒，并且把它一饮而尽，那么我就饶你死罪。"

智者略一思考，提出了一个巧妙的问题，并且喝下了美酒。最后，他免于一死。如果你是智者，你将如何设计问题，并且找出美酒呢？

101

264. 失踪的图纸

某上市公司勇创先例，发明了一种独特的制造工艺。公司决定将这项技术运用于公司下属所有的生产工厂。为此特别派遣工程师达尔西和研究员德文秘密携带工艺图纸，给工厂做技术支持。为了防止图纸泄密，公司还特别加派了两名公司保安人员一同前往。

4人登上列车后，一直坐在一间软卧包厢内，谁也不能带着图纸离开包厢，图纸则一直由工程师达尔西保管。

半夜里，大家都睡着了，却突然被达尔西的惊叫声惊醒。大家睁开蒙胧的睡眼一看，满地都是散落的图纸，一旁的达尔西惊慌失措。大家赶紧起身将地上的图纸全部捡起来。经过达尔西一一清点，发现居然少了最重要的3张，而且四处查找也没有找到。

德文和两名保安急忙询问达尔西情况，只见他精神恍惚地说："半夜时分我正在翻阅图纸时，感觉车厢内太闷，便打开窗子，岂料车外的风一下子将桌上的图纸吹得满地都是……"

德文急忙问："有没有被吹到窗外？"达尔西说："好像没有，不太确定。"

保安人员也不知所措，立即通知了公司总部。总部下令，4人不准离开车厢，经理将马上坐飞机赶到前方车站亲自来处理此事。

图纸是否失踪了呢？

265. 疑犯的破绽

一个深夜，警官正在巡逻，看见一道黑影闪进了一幢石库门房屋。紧接着，跑来一个气喘吁吁的女工。警察便询问发生了什么事情？女工哭诉说一男青年抢走了她的钱包。警官追问那名抢劫犯的特征，女工回答说那人留着长发和较长的胡子。

警官意识到，刚才的那道黑影就是抢劫犯。他立即带队进入了那幢房屋。里面住着好几户，大都是男性青年，却没有与劫犯相貌特征相符的人。

又进入一户人家时，一个独居男青年正在玩电脑游戏。此青年留着短发，也没有胡子。警官正想询问，女工却发现屋角有一黑包，并且指认那个包就是自己的。男青年恼怒不已，说那是一朋友在此吃晚饭时落下的。

说着，男青年打开皮包，取出一罐啤酒，并打开给警官喝。谁料他一打开，易拉罐中喷出的泡沫溅了自己一脸。警官心有所悟，认定男青年正是那个抢劫犯。

你知道警官是如何看出嫌疑犯的破绽的吗？

266. 名画被盗

卡尔正在书房里面翻阅案卷，他的助手拿着一张纸条走了进来，上面写道："蒙特博物馆有幅名画被盗，请速来侦办。"卡尔站起身来，看了看表说："现在是晚上11点，不管是真是假，我们去看看！"说完卡尔就驾车出去了。

当他来到博物馆的时候，已经有一男一女两个管理员在展厅等他。"我是卡尔探长，刚才接到电报说，贵馆有幅名画被盗了，请带我查看一下现场。"卡尔说。在巡视一圈后，卡尔觉得不像是外部盗窃，于是就让两名管理员回忆一下失窃前后的情况。

女管理员说："7点下班时，我们一起锁上了大门，然后各自回家了。半个小时前，他打电话通知我，说有一幅名画失踪了，我就赶了过来。"男管理员说："我回家后发现有本书遗忘在展厅里，就回来取书，结果发现名画不见了。于是，马上给她打电话。"

"你们关门时画还在吗？"卡尔又问。"还在，关门前我还给它掸过灰呢。"男管理员答道。卡尔请女管理员谈谈她的看法，她说："我什么都不知道，但是依我看，肯定是偷画的人给你写的纸条，想故意把水搅浑，这种贼喊捉贼的把戏，我们在其他案子里面见得多了。"

"你说得太对了，那幅画就是你偷走的！"卡尔一边说，一边让助手将女管理员铐住。

你知道这是为什么吗？

267. 谁是放哨的人

在一个寒冷的夜晚，王警官正在街上巡逻，突然看到珠宝店内有手电筒的光闪过，他立刻请求支援。一辆警车随后赶到，三名警察拔出手枪，封锁了珠宝店的前后门。

当他们进入珠宝店时，盗贼已经逃走。店内展柜被打开了一半，这说明有人给盗贼通风报信了。"他们一定有放哨的。"老王说。几秒后，他的判断得到了证实，有警察在珠宝店的地板上发现了一部手机，看来是盗贼不小心弄丢的。

"快！"老王说，"刚才我看到有三个人在外面游荡，其中一定有那个放哨的。"警察们迅速行动，搜查了附近的几个街区，将三个在街上闲逛的人扣押起来。

第一个是盲人，他戴着墨镜，拄着拐杖说："当时我正在等公交车。我就在珠宝店隔壁上班。今晚碰巧加班，我听到街上有动静，但是什么也看不见。"

第二个是妇女，她对警察说："我的车坏了，就出来修车。你看，车现在还是坏的。"

第三个是无家可归的酒鬼，他手里拿着一瓶喝了一半的威士忌，瓶中的酒在寒风中已经开始结冰。"我正想着自己的事情，"他含糊不清地说："想找一个暖和的地方睡觉。"

王警官仔细观察了这三个人，然后对同事低语说："我知道谁是放哨的人了。"

你知道这三个人中谁是放哨的人吗？为什么？

268. 闪亮的银烛台

　　奥利弗是一个年轻的英国人。他不踏实工作，整天幻想着得到一笔意外的横财。一天，他遇到一个能让他发财的人，不禁欣喜若狂，赶去见他的朋友神探亨特。

　　"你看上去很兴奋，"亨特说，"从你的眼睛里，我推测你很快就要变成富人了。"

　　"老朋友，你真聪明。"奥利弗说，"只要有1万英镑，我就会发财，你能借我吗？"

　　"有这么好的事儿？"亨特问，"难道是天上掉馅饼？"

　　"差不多吧。"说着他拿出一个闪亮的银烛台，"看看底部刻了什么？"

　　亨特把烛台倒过来，看到"伊莎"二字，不禁惊道："'伊莎'号上的宝贝？"

　　"你真有眼力，这正是1962年沉没的'伊莎'轮船上的宝贝！当时'伊莎'号葬身海底，但是情况并没有大家想象得那样糟。"奥利弗神秘地说，"当时有四个人在暴风雨中幸存，他们偷走了船上的金银财宝，然后游到岸边，把赃物藏在一个洞穴里。"

　　"不幸的是，暴风雨造成山崩，堵住了入口，把三个水手埋在里面。"奥利弗继续说，"但是有个叫汤姆的水手成功地逃出来了。这些年他一直在筹钱，好买下洞穴所在的那块土地。"

　　"哦，我明白了，你向我借1万英镑，就是想和汤姆一起打开洞穴，然后你们两个平分赃物。"亨特说道，"只是，你怎么知道那个叫汤姆的人不是骗子呢？"

　　"昨天晚上，他带我到了那个洞穴，"奥利弗说，"我们在洞里测量了很久，确定方位后，就试着挖了几铲子，结果搬开沙土和石头后，发现了这个闪亮的银烛台。"

　　"这确实是个真东西，但是我认为汤姆是为了骗你，才把它放在那里的。"亨特说。

　　亨特是怎么知道的呢？

104

269. 智躲老虎

　　动物园内，由于饲养员一时疏忽，一只大老虎逃出了笼子。出了笼子的老虎更加凶猛，只要是活物，它见着就咬。动物园一方面迅速封锁了动物园并通知园内所有人员赶紧躲避，一方面打电话请求帮助捕捉老虎。当大家都在着急寻找好的避难所时，饲养老虎的饲养员却不慌不忙地躲进了一个他认为非常安全的地方。
　　你知道他躲在哪里吗？

270. 门铃没响

　　"上周日晚上，你借用亲戚的别墅，一个人住在那里。你对侦查员是这么说的吧。可是有谁可以证明呢？"亨特探长询问案件的嫌疑犯。
　　"是的，没错。因此我不是作案人。"
　　"据住在离别墅100米处的邻居说，那天晚上9点钟左右去你家里时，你住的别墅里一片漆黑，怎么按门铃也没有回音。"
　　"不可能，我一直在家。晚上8点左右，我突然感觉很冷，便拿出旧式电炉点上，由于发生短路而停电。因为没有备用的保险丝，无奈只好喝了点酒就早早地睡下了。因此，门铃没电也不响了；我就没注意到有人来过。"嫌疑犯回答说。
　　这个谎言被事先做过调查的亨特探长一下子就揭穿了。
　　你知道亨特探长是怎么揭穿这个谎言的吗？

参考答案

Part 1 数字推理游戏

1. 答案如下：

相对的两个数是2倍关系，所以问号处应该填写4。

2. 答案如下：

由于左边两个数的个位是相同的，而且右边的数个位是9，因此两个相同的数字相乘的结果个位是9的只能是3或者7。把这两个数字填进去分别试一下，93×3=279不符合，97×7=679符合条件。所以空格处应该填7。

3. 答案如下：

如答案1-3所示。

2	9	4
7	5	3
6	1	8

答案1-3

4. 答案如下：

如答案1-4所示。

3	11	8	4
	1	6	
	9	10	
7	5	2	12

答案1-4

5. 答案如下：

如答案1-5所示。

106

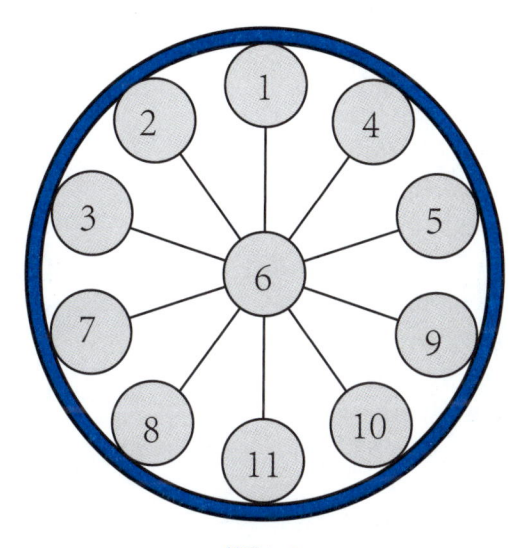

答案1-5

6. 答案如下：

每个图形上面的三个数字之和减去下面两个数字之和，结果为中心的数字。如答案1-6所示。

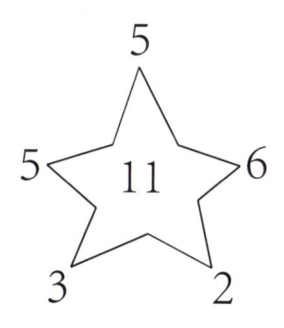

答案1-6

7. 答案如下：

如答案1-7所示。

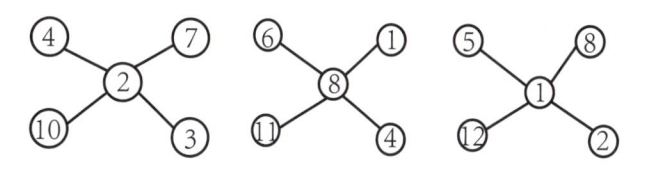

答案1-7

8. 答案如下：

原来3棵树上的鸟的数量分别是18只、10只、8只。

9. 答案如下：

问号处应该填写36。

（7+9）×1=16

（4+5）×3=27

（6+7）×2=26

所以（3+15）×2=36。

10. 答案如下：

中间空格处应该填写60。把经过中间圆上的直线两端的数字相乘，就可以得到这个答案。

11. 答案如下：

最后一个六边形处应该填写数字11。根据前面两组数据的规律来看，纵向的第一个数字加上4就是中间的数字，纵向中间的数字加上6就是最后一个数字。所以最后一个六边形的数字应该是5+6=11。

12. 答案如下：

只要找到这组数字的变化规律，就可以顺利地解答题目了。它的变化规律是加2、减1、加4、减2、加8、减4、加16、减

107

8……，由此可知，24之后的数字应该是16。

13. 答案如下：

A：500，1000。规律是交替乘以5和乘以2。

B：203。规律是+5，+（5×3），+（5×3×3），+（5×3×3×3）。

14. 答案如下：

如果仔细计算一下，可以发现其中的规律：前三个是一道算式，即第一个数加上第二个数然后乘以第三个数，再减去第四个数，得到的结果就是第五个数字，以此类推，（2+2）×2-1=7，因此，问号处应该填写的数字是7。

15. 答案如下：

14是其中特殊的数字。因为除去14之外所有的数字都是质数。质数又称素数，指在一个大于1的自然数中，除了1和其自身外，不能被其他自然数（不包括0）整除的数。剩下的5个数字都是除了1和自身外不能被其他自然数整除的数。

16. 答案如下：

问号处应该填写的数字是29。从左上角开始，按照顺时针方向，每两角的数字之和即为下一个数字。

17. 答案如下：

小红可以换到10包薯片。她先用64个包装袋换8袋薯片；吃完后，用这8个包装袋换1包薯片；再吃完，与原先剩的7个包装袋加在一起正好是8个包装袋，又可以换1包薯片。所以，小红一共可以换到10包薯片。

18. 答案如下：

小红的年龄是50岁。首先在已知的两个条件下，我们可以算出各种可能的年龄组合：

2 450=7×7×5×5×2；这意味着可能的组合有：

（1）2，5，245；
（2）2，7，175；
（3）2，25，49；
（4）5，7，70；
（5）5，10，49；
（6）5，14，35；
（7）7，7，50；
（8）7，10，35；
（9）2，35，35；
（10）5，5，98。

这些年龄之和又分别是：

（1）252；（2）184；（3）76；（4）82；（5）64；（6）54；（7）64；（8）52；（9）72；（10）108。

小明是知道小李与自己的年龄之和，可是他说算不出来！由上面（1）至（10）可知小明和小李的年龄之和是64。因为其他结果都会马上导致小明将年龄组合分析出来。而64这样一个结果使得他不知道是第（5）种还是第（7）种组合。但他又知道小红的年龄，于是根据A、B、C都比小红年轻这一信息，他马上可以断定，第（7）种组合不符合要求。反过来，我们也可以根据小明后来知道了结果这一信息，断定小红只能是50岁，因为小红哪怕大一岁，为51岁，小明就没法找出唯一的年龄组合，使得它满足所有已知信息。

19. 答案如下：

其实小明的秘密很简单，0到9这10个数字相加等于45，是9的倍数，不管这10个数字怎样排列，得出的两个数，其和也是9的倍数。所以只要把答案中能看到的数字加起来，用与这一结果最接近但是比这一结果大的9的倍数减去这一结果，得到的数就是被擦去的数字。在此例中，3+9+8+2+7=29，比29大的最接近9的倍数是36，所以擦去的数为36-29=7。

108

20．答案如下：

第一次，两个孩子乘小船到3个人所在的那一边河岸。第二次，两个孩子搭载1人到河对岸，并在对岸留下2人。第三次，1人划船到河的另一边。第四次，划船的人和此岸的2个人一起划到河对岸。目标达成。

他们一共往返四次。

21．答案如下：

3个数加起来等于13的情况共有以下几种情况。

女儿1	女儿2	女儿3	和	积
1	1	11	13	11
1	2	10	13	20
1	3	9	13	27
1	4	8	13	32
1	5	7	13	35
1	6	6	13	36
2	2	9	13	36
2	3	8	13	48
2	4	7	13	56
2	5	6	13	60
3	3	7	13	63
3	4	6	13	72
3	5	5	13	75
4	4	5	13	80

职员知道老板女儿的年龄之积等于老板的年龄，且知道老板的年龄是36岁，但还不能够确定她们的年龄，因为乘积是36的3个数有两种可能。老板说有两个女儿去学滑冰，因此就可以否定2，2，9这种情况，因为2岁的孩子还不能去学习滑冰。那只可能是1，6，6这种组合，因为两个6岁的孩子可以学习滑冰。答案应该是1岁，6岁，6岁，其中有一对双胞胎姐妹。

22．答案如下：

这列火车准点驶入上海的时间是第二天的2点48分。

首先让我们仔细看看手表的结构：时针和分针都指在分针的刻度线上，每个小时之间有四个分针刻度，在相邻两个分针刻度线之间对时针来说要走12分钟，这说明这个时间必定是n点$12m$分，其中n是0到11的整数，m是0到4的整数，即分针指向$12m$分，时针指向$(5n+m)$分的位置。又已知分针与时针的间隔是13分或者26分，要么$12m-(5n+m)=13$或者26，要么$(5n+m)+(60-12m)=13$或者26，要么$60-11m+5n=13$或者26。这是一个看起来不可解的方程。但是由于n和m只能是一定范围的整数，还是能找出解来的（重要的是，不要找出一组解便满足了，否则此类题是做不出来的）。

李老师根据这个思路找出了所有的3组解。

已知：$m=0$，1，2，3，4；$n=0$，1，2，3，4，5，6，7，8，9，10，11。

只有固定的取值范围，不难找到以下3组解：（1）$n=2$；$m=4$。（2）$n=4$；$m=3$。（3）$n=7$；$m=2$。

那么只有3个时间：（1）2点48分；（2）4点36分；（3）7点24分。

面对3个可能的答案，李老师询问了乘务员。乘务员的回答巧妙地暗设了条件：

正面回答问题应该是4点前或者4点后。但若答案是4点后，乘务员的变通回答就不对了，因为这时李老师无法确定时间是4点36分还是7点24分。但是乘务员的变通回答却暗示道：若是正面回答问题就能确定答案。因为这个正面回答只能是4点以前。所以正点到达的时间是2点48分。

23. 答案如下：

（1）鸡有两只脚，兔子四只脚，如果36只全是鸡，那么就少了14双脚。当一只兔子被当作鸡算时就少了一对，所以兔子应该是14只，鸡应该是36-14=22（只）。

（2）因为鸡和兔子的只数相等，则把鸡和兔子编成组，使得每组各有一只鸡和一只兔子。这样，每一组共有6只脚，应有90除以6等于15组。所以分别有15只鸡和15只兔子。

24. 答案如下：

根据题意可知，李白是先遇到店，又遇见花的，而且第三次见到花前，酒壶内只有一斗酒。那么，遇到店前酒壶内应该有半斗，即1/2斗酒。依次类推，第二次见到花前酒壶内有酒（1/2+1）斗，第二次遇到店前酒壶内有酒（1/2+1）÷2=3/4（斗）；第一次见花前酒壶内有酒（3/4+1）斗，第一次遇到店前酒壶内有酒（3/4+1）÷2=7/8（斗）。所以，原来酒壶内有酒7/8斗。

25. 答案如下：

果皮是1千克2角钱，果肉是1千克8角钱，价格之和是1元，可是重量之和是2千克。相当于价格为每千克（半千克果皮加半千克果肉）5角，而非小王的每千克1元。顾客明显钻了这个空子，小王上当了。如果按照顾客的算法，小王将损失一半的钱。

26. 答案如下：

这是一个关于规律运用的题目。两个乘积加起来是26，个位数6就是妹妹打下的气球数，再用10减去6就是哥哥打下的气球。如果两个数字之和是28，那么妹妹打了8只，哥哥打了2只。

27. 答案如下：

这块石头重23千克。四个人估计的分别是17、20、21和26千克。这四个数中找单数17、21两个数的中间数是19，不满足题目中条件的只有1人相差2千克。所以，应该在双数20、26中找出23，满足题目所有条件。

28. 答案如下：

这种说法是错误的。因为每枚硬币在投掷时朝上或者朝下都是独立的，和别的硬币没有关系。在有三枚硬币的情况下，它们全部面朝上或者面朝下的概率只有25%。

29. 答案如下：

甲报的时间是12点54分，其误差是2、3、4或者5分钟。甲的误差不可能是2分钟，因为如果这样的话，丙的误差就至少是7分钟；甲的误差也不可能是3分钟，因为如果这样的话，丙的误差就至少是6分钟；所以甲的误差是4或者5分钟，而且这种误差只能比标准时间慢，否则其余每个人的误差都不会少于7分钟。

假设甲的误差是慢4分钟，这样准确时间是12点58分，由此可知丙的误差是快了5分钟，其余两人的误差分别是1和4分钟，这样就没有人的误差是2和3分钟，这和题目中的条件不符合。

这样，只剩下一种可能，就是甲的误差是慢5分钟。这样准确时间是12点59分，乙、丙和丁的误差分别是2、4和3分钟。

30. 答案如下：

一开始最少有25个苹果。我们可以采取倒过来推理的方法。

（1）假设最后剩下的两份为2个，即每份1个，那么老张醒来时一共有4个苹果，在老李醒来时有7个苹果，但是7个苹果没法构成两份，与题意不符。

（2）假设最后剩下的两份为4个，即每份2个，那么在老张醒来时共有7个苹果，也与题意不符合。

（3）假设最后剩下的两份是6个，那么每份有3个。老张醒来时共有10个苹果，在老李醒来时有16个苹果，那么老王分出的三份苹果中，每份有8个苹果，即一开始最少有25个。

31．答案如下：

他们共有10个人。只能再增加84个桃子才能够使得按照10或者9平均分配时，桃子不多不少。

假设有x人来分桃子，根据题意得：

$10x - 4 = 9x + 6$

$x = 10$

所以一共有10个人来了家里。因此，原本就有96个桃子。但是需要满足每人10个或者每人9个不多不少，所以我们要找出10和9的公倍数，一个是90，不符合条件，另一个就是180。所以一共需要180个桃子才能够不多不少分给所有的人，小红还需要180−96=84（个）桃子。

32．答案如下：

假设蜡烛点燃了t小时。粗蜡烛每小时减少1/5，细蜡烛每小时减少1/4。根据题意可以列出方程：$4 \times (1-t/4) = 1-t/5$。

最后解得$t=15/4$。

所以昨天的停电时间是3小时45分钟。

33．答案如下：

假设猫需要t时间才能赶上兔子。根据已知条件，我们可以列式子如下：

1猫步=9/5兔步

2猫步×t=3兔步×t+10猫步

两个式子合在一起就是：

2×9/5×t=3兔步×t+10×9/5兔步

计算得t=30

2猫步×t=60猫步

60猫步=108兔步

所以需要猫跑60步才可以追得上兔子。

34．答案如下：

把10个箱子分别编号为1~10，第1箱取1个，第2箱取2个……第10个箱子取10个，把取出来的桃子放在秤上一起称。本来，这些桃子的总重量应该是55×500 g，每混入一个400 g的桃子，其总重量就会减少100 g。减少了几百克，就说明有几个400 g的桃子，也就知道几号箱子里是400 g的桃子了。

35．答案如下：

一共喝了三次，又每个人每次都平分，所以也就是有3个几分之一加起来要等于1，所以就是1/6+1/3+1/2=1。

所以是6个人。

36．答案如下：

问号处应该填写的数字是12。图形中的1+2+3与4+6+8+3相差15，3+6+9与3+8+14+8相差15，所以1+4+7与2+6+?+7也应该相差15，7+8+9与6+14+?+7也应该相差15。所以问号处应该填写的数字是12。

37．答案如下：

几组相对位置上的数字，其中一个数字的个位数与另一个数字的十位数相同，十位数与另一个数字的个位数也相同。所以中间问号处与23相对应的是32。

38．答案如下：

纵列分别是以1、2、3、4、5为公差的降序排列；横列分别是以5、4、3、2、1为公差的升序排列。如答案1−15所示。

5	10	15	20	25
4	8	12	16	20
3	6	9	12	15
2	4	6	8	10
1	2	3	4	5

答案1—15

39．答案如下：

答案只有一个：60，16，6，6，6，6。

因为把100个苹果分装在6个袋子里，100的个位数是0。所以6个数的个位不能都是6，只能有5个6。即6乘以5等于30；又因为6个数的十位数之和不能大于10。所以十位数最多有一个6；而个位上面的分法已经占去30个苹果了，所以目前十位上的数字的和就不能大于7，也只能有一个6，就是60个苹果。这样十位数上还差2，把它补进去出现一个16，所以答案就是60，16，6，6，6，6。

40．答案如下：

他一共有2 519个兵。要想每排人站齐，人数必须是每排人数的倍数，或者是10的倍数或者是9的倍数……如果是10，9，8，7……2的公倍数，那无论怎么排都是没有问题的。10，9……2的最小公倍数是2 520。现在该将军的兵数为2 519，自然怎么排都不会站齐，怎么排都会少一个人。公倍数有很多，因为兵数在3 000以下，所以我们取最小公倍数正合适。

41．答案如下：

能。这四个数字是2、5、6、8。

先列出四个人猜的情况。甲猜对了两个数，可能是2、3，2、4，2、5，3、4，3、5，4、5。

乙猜对了一个数，可能是1、3、4、8中任意1个数，他没有猜测的4个数2、5、6、7中有3个是纸条中的数。

丙猜对了两个数，可能的组合是1、2，1、7，1、8，2、7，2、8，7、8。

丁猜对了一个数，可能是1、4、6、7中任意1个数，他没有猜测的4个数2、3、5、8中有3个数是纸条中的数。

8个数字中，甲与丙两个人都猜了的数字是2，两个人都没有猜的数字是6。

8个数字中，乙和丁两个人都猜了的数字是1、4，两个人都没有猜的数字是2、5。

先来假设2不是纸条上的数。那么从乙没有猜的数字中可以得出5、6、7是纸条上的数字；同时从丁没有猜的数字中可以得出3、5、8；这样纸条上的数字就会有5个，分别是3、5、6、7、8。显然，推论与题意中纸条上只有4个数字相矛盾，因此假设是错的，也就是2为纸条上的数字。用同样的方法可以推算出5也在纸条上。

再假设1在纸条上，那么从乙猜的数字中可以得出3、4、8不在纸条上。同时，从丁猜的数字中可以得出4、6、7不在纸条上。这样不在纸条上的数字有5个，分别是3、4、6、7、8，纸条上只能有3个数字，显然也不正确。所以假设错误，1不在纸条上。用同样的方法，可以推出4不在纸条上。

我们知道了2、5在纸条上，从甲猜对了两个数字可以得知3、4不在纸条上。这样，在纸条上的数字可能是2、5、6、7、8中的4个。

最后，我们来看丙猜的情况，从他猜测的4个数可以知道7与8只能有一个数在纸条上。如果7在纸条上，纸条上的数字为2、5、6、7。我们发现丁猜对了6、7，显然与题意矛盾。再来检验8，发现刚好符合条件。

综上所述，只有一种可能，纸条上的数字是2、5、6、8。

42．答案如下：

老王的年龄是30岁，他老婆25岁，他儿子5岁，他女儿1岁。

假设老王儿子的年龄为x岁，根据条件可以得知老王女儿的年龄是$x/5$岁，老婆是$5x$，老王是$6x$。又知道他们所有人的年龄加起来是老王母亲的年龄61岁。所以可以列出等式：$x+x/5+5x+6x=61$。

解得$x=5$。

所以老王儿子的年龄是5岁，老王女儿的年龄是1岁，老王老婆的年龄是25岁，老王是30岁。

43．答案如下：

如果能把不同类型的硬币平均分成4份、5份、6份（注意，平均分的4堆中的2堆可以平均分成3份，所以说可以分成6份），这样，每一种硬币至少有60枚。

44．答案如下：

天天与甜甜原来的弹珠数量分别为10个与6个。由甜甜的话可知，甜甜比天天少4个，假设甜甜有x个弹珠，那么天天有$4+x$个弹珠。根据天天的话，可得到以下方程式：

$3(x-2)=(4+x)+2$

$x=6$

$4+x=10$

45．答案如下：

文具店老板将贺卡混在一起出售时，已经不知不觉地改变了售价。了解了这点之后问题就容易解决了。老板在卖前60张的时候，第一种贺卡每张卖1/2元，第二种贺卡每张卖1/3元，可是当这两种贺卡混在一起卖的时候，每5张售价2元，这时每张贺卡卖2/5元。也就是说，第一种贺卡没有按照原先的打算每张卖1/2元，而是以2/5元的价格卖出去的。1/2-2/5=1/10。

通过上面的算式，我们可以清楚地看出在每张损失1/10元的情况下，第一种贺卡卖完30张后一共损失了3元。

第二种贺卡的情况则刚好相反。当它和第一种贺卡混合出售时，每卖出一张就多赚1/15元，即2/5-1/3=1/15，30张贺卡卖出总共多赚2元。

这样一来，第一种贺卡损失了3元，第二种贺卡多赚了2元，加起来就是亏损了1元。

46．答案如下：

事实上，整个旅途的平均车速是24 km/h。如果答案24使得你很惊奇，说明你在解答问题的时候陷入了一种误区。

求出平均速度的方法是将总距离除以全部时间。在这一个情形中，我们并不知道距离，但是没有关系，因为对于任何距离，答案都是一样的。假设小红一家的旅程是x km，去时是以30 km/h的车速完成的，那么就用了$x/30$小时；回程是以20 km/h的车速完成的，所以用了$x/20$小时。这意味着全部旅程的平均车速是$\dfrac{x}{30}+\dfrac{x}{20}=\dfrac{x}{12}$个小时内行了$2x$ km，即24 km/h。这说明，平均速度不能用两数相加后除以2的方法得到。下面用一个极端的例子来说明。

假设小红一家以30 km/h的速度去旅游，他们来回的总平均速度是15 km/h。他们的回程速度是多少？或许你很简单地就能说出他们的回程速度是0 km/h。因为（30+0）除以2等于15。可是如果他们以0 km/h的速度返回的话，他们永远也回不到家。在这种情况下，正确的答案是他们以10 km/h的速度返回，这样才能得出平均速度是15 km/h。

因此可以确定，平均速度为24 km/h。

47．答案如下：

我们可以根据这段墓志铭列出方程式。

设丢番图活了 x 岁，那么

$$\frac{x}{6}+\frac{x}{12}+\frac{x}{7}+5+\frac{x}{2}+4=x$$

解此方程，得出 $x=84$。因此，丢番图一共活了84岁，可以算出来他在33岁时结婚，38岁得子。

48．答案如下：

这个问题没有准确的答案，除非知道商人买这辆自行车时用了多少钱。也就是说在不知道自行车的确切价值的时候是不能够确定答案的。这3个答案分别是按照自行车的原始价格为40元钱、50元钱、45元钱来计算的，所以不一样。

49．答案如下：

因为不管怎么掷骰子都不可能掷出1，实际上只有掷到2～6小李才能赢。掷到2的概率是1/36；掷到3的概率是2/36；掷到4的概率是3/36；掷到5的概率是4/36；掷到6的概率是5/36。总和为5/12，而小红赢的概率为7/12。所以这种方法是不公平的，两人的概率相差了1/6。

50．答案如下：

动物园里有4只老虎、31只天鹅。因为他算出有35个头，所以最少有70条腿。但是，他算出一共有78条腿，也就是比最少的数字多了8条腿，因此，多出的8条腿必定是老虎的。8除以2便是4条腿动物的数量。这样，老虎的数量是4。

51．答案如下：

他们开始以10元出售3个玩具。小红卖了30个玩具，赚了100元；小李卖了24个玩具，赚了80元；小王卖了21个玩具，赚了70元。下午的时候，他们开始以10元出售1个玩具。这样，小红卖了她最后的三个玩具，赚了30元；小李卖了剩下的5个玩具，赚了50元；小王卖了剩下的6个玩具，赚了60元，他们三个每人都赚了130元。

52．答案如下：

小王与叔叔家相距60 km。如果他以15 km/h的速度骑车的话，他会在下午4点到（即晚餐开始前1个小时）。如果他以10 km/h的速度骑车的话，他会在下午6点到（即迟到1个小时）。所以，小王以12 km/h的速度骑车，他会花5个小时到达，也就是在下午5点准时到达。

53．答案如下：

那个农民建议每个选手驾驶对方的马车完成最后的100米。因为他们打的赌是："第一个到达终点的将输掉比赛。"所以在这种情况下，他们都将尽量让对方的马车第一个过终点，这样自己就能取得胜利了。

54．答案如下：

其实钱并没有丢，只是计算的方法出现了错误。店小二拿去的二十文钱就是三个书生总共支付的四百五十文钱中的一部分。四百二十文钱减去二十文钱等于四百文钱，正好是旅店入账的金额。四百二十文钱加上退回的三十文钱，正好是四百五十文钱，这才是三个人一开始支付的房钱总数。

55．答案如下：

5乘以15除以3再乘以4等于100，狐狸绕许多圈子，其实是为了迷惑老虎。它将得数后面的两个0去掉，就知道对方心里想的那个数。

56．答案如下：

要用四年。每年增加100人，似乎是需要9年时间才能完成扩大招生计划，但实际上扩大招生后的第一年的新生入学人数是400，第二年是500人，第三年是600人，第四年的新生是700人。而在第四年，二年级学生为600人，三年级学生为500人，共计1 800人，增加了900人，为目前在校生人数的二倍。

57. 答案如下：

其实根本就没有省下时间，小红还白白地辛苦走了一半路。她步行加乘车与一开始就乘车所用的时间一样多。因为她走与不走最终都要按照那辆班车到达目的地所用的时间计算。她除了在心理上得到一点安慰外，是不会节约一分钟的。

58. 答案如下：

最后结果是每人8个苹果，显然这是小红留下的数。那么小红分苹果前是16个苹果，而当时小王和小李手中各自有4个苹果，由此推出小王分出苹果前有8个苹果，而小李的4个苹果有2个是小王分出的，另外两个是他第一次分配所剩，最初小李的苹果数就是4个。小王得到小李的1个成为8个，小王最初是7个，小红是13个。

由于院长是按照他们3年前的年龄分的苹果，所以每个人再加3岁，小李7岁，小王10岁，小红16岁。

59. 答案如下：

有两种可能的答案：7只小猫或者5只小猫。

因为猫妈妈还剩下2条命，小猫们一定要分配剩下的23条命。一种情况是7只小猫，其中1只还剩5条命，6只还剩3条命；另一种情况是5只小猫，其中1只还剩3条命，4只还剩5条命。

60. 答案如下：

解密码至多需要276.5天。这是个排列组合的题目，5个圈上的字母全部组合一遍，次数是24的5次方，即7 962 624次，最快的操作以每次3秒计算，也需要276.5天。

61. 答案如下：

小明没有被坑，反而赚了50元钱。因为小明买了35元的东西，没有道理拿两张50元的钞票付账。所以，只会给老板一张50元的，而老板找回了65元。所以，小明应当是赚了50元。

62. 答案如下：

不管第二天下不下雨，爸爸都是赢家。如果次日下雨，爸爸要给红红10元，可是丽丽要给爸爸20元，所以这样爸爸就赚了10元；同样，如果第二天不下雨，爸爸要给丽丽10元，但是红红要给爸爸20元，所以爸爸还是赚了10元。

63. 答案如下：

老王吃牛肉的速度为10个星期吃1桶，因此他将用5个星期吃完半桶。在这段时间内，他的妻子（吃猪肉的速度为12个星期吃1桶）将吃掉5/12桶猪肉，这样就留下了1/12桶猪肉由夫妻二人一起吃，他们的速度是60天吃完一桶。因而他们将用5天时间把猪肉统统吃光，于是总时间为35天再加上5天，所以一共需要40天。

64. 答案如下：

假设公鸭用A表示，母鸭用B表示，那么就很容易列出16种同等可能的情况。其中只有2种可能是所有鸭子具有同样性别的，所以，这种情况发生的概率是2/16或者1/8。所以鸭爸爸认为这种情况概率最低是对的。

现在我们来检验一下一半一半的概率，鸭爸爸认为这是可能性最大的一种。这种情况有6，所以概率是6/16，或者3/8。这显然比1/8高。鸭爸爸也许是对的。

可是，我们还有一个更大可能的情况要考虑：3比1分配。由于这种情况有8次，概率是8/16或者1/2。这就较2比2分配高。因此，鸭爸爸的推断就不科学了。

65. 答案如下：

可以这样来切：横着切一刀，竖着切一刀，再水平切一刀，这三刀就把西瓜切成了8块。

66．答案如下：

他们的敲钟速度是不同的，应该按敲钟的间隔来算时间，第一个和尚用10秒敲了9个间隔，第二个和尚用20秒敲了19个间隔，第三个和尚用5秒敲了4个间隔。所以他们敲钟每个间隔所用的时间分别为：10/9，20/19，5/4，即1.11，1.053，1.25。所以第二个和尚敲钟的速度是最快的，他最先敲完50下。

67．答案如下：

他把机身卖300元，机套卖10元就错了，300-10=290，而实际上机身要比机套贵出300元。正确答案是机套卖5元，机身卖305元。

68．答案如下：

既然2个人的钱凑在一起可以买1台，证明这款游戏机的价格是整数。有3个人的钱凑在一起可以买2台，除去这3个人，还有2个人的钱凑在一起能买1台，证明这5个人的钱一共能买3台。6个人的总钱数为132元。也就是说132减去一个人的钱数应该能被3整除。那么132只能减18或者21。（132-18）/3=38，而14，17，21，25，27中的17和21组合能组成38，满足题目的要求。而另外一种情况不满足题意，所以这款游戏机的价格是38元。

69．答案如下：

老人牵来了自己的一匹马，加入到这17匹马中，共计18匹马。这样，大儿子分得1/2是9匹马；二儿子分得1/3是6匹马；三儿子分得1/9是2匹马。最后还剩下一匹马，老人又牵了回去。这样既不违背他们去世的父亲的遗愿，又合理地分配了遗产。

70．答案如下：

能。首先，让士兵甲跑步，士兵乙和丙骑车，骑到全程2/3处停下，士兵乙再骑车回来接甲，士兵丙这时跑步往营地赶。士兵乙会在全程1/3处接到甲，然后他们骑着车子往营地赶，他们可以和士兵丙同时赶到营地。按照这种走法，他们需要用时50分钟，可以提前2分钟赶回去。

71．答案如下：

根据题意可知，小王钱包里有2张50元的钞票、2张100元的钞票、4张5元的钞票。

72．答案如下：

三块黑手绢。假如只有一个人背上是黑手绢，那么这个人在第一次关灯时就会咳嗽的，事实上他没有，所以不止一个人背上是黑手绢；如果是两块黑手绢，那么在第二次关灯时就该有两人咳嗽，结果仍没有，说明背上是黑手绢的人要多于两人。第三次关灯时有人咳嗽，说明此时最少有三个人发现自己背上是黑手绢，所以他们会咳嗽。所以至少有三个人背上是黑手绢。

73．答案如下：

92。从第20～25页一共有6页，那么从100页里面减去6就是94页，这种想法是错误的。纸是有正反两面的，所以不可能只脱落其中的一面。既然第20页脱落了，那么第19页也必定脱落了。同理第25页脱落了，那么背面的第26页也必然随之脱落。综上所述，应该是从第19～26共计8页脱落了。即100-8=92，所以剩下的书还有92页。

74．答案如下：

甲的策略其实很简单：他总是报到3的倍数为止。如果乙先报，根据游戏规定，他或报1，或报1、2。如果乙报1、2，甲就报3。接下来乙从4开始报，而甲根据乙的情况，总是报到6为止。以此类推，甲总是使得自己报到3的倍数为止。由于30是3的倍数，所以甲总是可以报到30。

75．答案如下：

老板可以先倒出4 L牛奶，桶里面还剩下18 L牛奶，然后把这4 L牛奶倒进5 L的瓶子里，再把4 L瓶子装满，用4 L瓶向5 L瓶中注入牛奶，直到5 L瓶装满，此时4 L瓶中还剩3 L牛奶，即顾客得到了3 L牛奶。

76．答案如下：

王妈妈一共损失了100元钱。

王妈妈在和水果摊老板换零钱的时候，用的100元假钞换了100元的真钞，这一过程王妈妈没有亏损，而水果摊的老板损失了100元。在卖面条的过程中，王妈妈拿到的100元都是真钞，没有损失，最后换给水果摊老板的就是总共损失的，即100元钱。

77．答案如下：

最多可以喝到20瓶汽水。买10瓶汽水喝完后，有10个空瓶子，可以换5瓶汽水。喝完后可以得到5个空瓶子，拿出4个再换2瓶汽水，又可以得到2个空瓶，再换1瓶汽水，喝完后一共还剩下2个空瓶，再换1瓶汽水。这时还剩下一个空瓶，可以向商店借1个空瓶，换掉一瓶汽水，喝完后再把空瓶还给商店。因此，最多可以喝到的汽水数是10+5+2+1+1+1=20（瓶）。

78．答案如下：

第一次，不用砝码，直接在天平上将9 kg面粉分成相等的两份；

第二次，把其中一份面粉再平分一次，这样就能得到2.25 kg面粉；

第三次，用200 g和50 g的砝码把250 g面粉称出，这样就得到了2 kg面粉了。

Part 2 逻辑推理游戏

79. 答案如下：

东方朔说："既然我服下的是不死之药，皇上是杀不死臣下的，何苦多此一举呢？如果真的把臣下给杀死了，那么就只能证明不死之药没有功效，吃了还是要死的。这种东西就是拿来骗皇上的。"

听了东方朔的话，皇帝哈哈大笑，于是就下令放了东方朔，还赏赐给他宫廷美酒。

80. 答案如下：

这位新娘的推理也很简单，假设另外两个新娘分别是A、B，这位新娘C的推理如下：

（1）三位新娘几乎是同时举起手来的，这就说明A看到C（本新娘）或者B两个人中至少有一个人额头上是蓝色玫瑰，而B看到C或者A两个人中也至少有一个额头上是蓝色玫瑰。

（2）如果C额头上不是蓝色的玫瑰，那么A一定这样想："B举起手，说明自己或者C额头上有蓝色玫瑰，又看到C额头上不是蓝色玫瑰，那么自己额头上的就肯定是蓝色玫瑰。"

B也会和A一样这么想，那么她们两个人就会很快把手放下，但是，事实是，她们两个都没有把手放下，这说明C的额头上肯定是蓝色玫瑰了。

81. 答案如下：

赵和王是夫妻；郑和孙是夫妻；吴和钱是夫妻；周和李是夫妻。

根据题目提供的条件，我们可以确定彼此的性别。根据D的描述，孙、李和王曾经住在一起，说明这三位是同性别；B说，李和钱的衣服颜色、尺寸、款式一样，这表明这两位也是同性别。而C关于孙的表述，我们能够推断出孙的爱人是男性，那么自然孙就是女性了。因此，把前面的综合一下就是，孙、李、王、钱是女性，剩下的吴、郑、周、赵是男性。

从E可以推出，吴的妻子不可能是李和王，所以只可能是孙或者钱。从C又能推导出吴的妻子不可能是孙，所以钱就是吴的妻子，吴和钱是夫妻。

从E知道，郑的妻子不可能是王和李，那只能是孙，所以，郑和孙是夫妻。

A说赵结婚的时候，李来参加了婚礼，所以赵的妻子是王，周的妻子是李。

82. 答案如下：

刘墉是这么说的："皇上您想的是'不想把玉镯给刘墉。'"这么一来，乾隆就陷入了两难的回答境地，说刘墉猜对呢，镯子不想给他也得给；说刘墉猜不对呢，镯子就必须得给他了。

83. 答案如下：

小明是哥哥，小华是弟弟。

如果能够分得清是上午还是下午，那么对我们的判断有很大的帮助。假设，当时是下午，那么哥哥说的就应该是假话。如果是这样，当被问第一个问题时，必然有一个人会回答："我不是哥哥。"但是题目中并没有这样的回答，所以我们可以判定当时是上午。那么，当被问及第二个问题时，只有小明说的是符合情理的，所以小明是哥哥，小华是弟弟。

84. 答案如下：

先假设甲为拿到自己的临摹画的人，乙、丙、丁分别为其他三人。

根据题意，因为只有一个人的临摹画回到自己手中，所以交换的形式就成了这样子：

甲，乙→丙，丙→丁，丁→乙

根据（3）可知小红没有拿着自己的临摹画，所以小红不是甲。因此，我们可以假设小红是乙，根据（2）可知：

小红→丙，丙→丁，丁→小红（《蒙娜丽莎》）

根据条件（3）和条件（1）知道，丙不是小王，丁也不是小王。所以甲是小王。小王是在交换后唯一拿到了自己的临摹画的人，他画的是《最后的晚餐》。根据条件（5）可以知道小李拿到的也是《最后的晚餐》的临摹画。根据上面的交换流程，小李拿的画有可能是从小红或者小美那儿拿的，又根据（4）和（5）知道小红和小美临摹的都是《最后的晚餐》。剩下的可以推断出，丙是小美，丁是小李，她画的是《蒙娜丽莎》。所以最后的答案是：

小王画的是《最后的晚餐》，交换后拿到的是自己的画。
小红画的是《最后的晚餐》，交换后拿到的是小李的画。
小美画的是《最后的晚餐》，交换后拿到的是小红的画。
小李画的是《蒙娜丽莎》，交换后拿到的是小美的画。

85. 答案如下：

我们需要确定哪个瓶子里装的是果汁。

假设甲装的是果汁，那么乙装的就不是白酒；根据乙和丙瓶子上的话可以知道，丙和丁装的也不是白酒，只有甲是白酒，矛盾。

假设乙装的是果汁，而甲说乙装的是白酒，矛盾。

假设丁装的是果汁，丙说丁装的是可乐，矛盾。

所以只有一种可能，就是丙装的是果汁。从而得到答案：

甲瓶子：可乐。
乙瓶子：白酒。
丙瓶子：果汁。
丁瓶子：啤酒。

86. 答案如下：

根据题意中的描述，由于坐在1号位置上的红头发女士不是小王或者小红，也不是小美，所以她只能是小李。根据线索（3），2号位置上的女士想把她的头发染成黑色。已知那位原来灰色并想把头发染成赤褐色[线索（5）]的女士不在1号或者2号位置，也不在3号位置，那么她肯定是在4号。她不可能是小红。根据线索（2）可知，小红的头发不是金黄色的。我们已经知道她的头发不是蓝色，那么一定是棕色的，并且小红在2号位。根据线索（2）可知，1号位的小李想染的颜色是白色，所以3号位置上的女士想把她的头发染成蓝色。现在根据线索（3），得到小红坐在2号位置上，而3号位置上的女士有一头金发。线索（4）告诉我们小美在4号位置，小王在3号位置。

所以，答案是这样的：
1号，小李，蓝色，染成白色。
2号，小红，棕色，染成黑色。
3号，小王，金黄色，染成蓝色。
4号，小美，灰色，染成赤褐色。

87. 答案如下：
只有B答案最贴合实际。其他的三个选项都是需要经过一系列的理论和数据的支持。所以B是真的，最能对提议提出质疑。

88. 答案如下：
阿凡提回答："国王要炸死我。"如果这句话是真的，那么应该执行绞刑，但是如果执行了绞刑，就相当于反过来说这句话是假的，是假的就不应当执行绞刑；如果这句话是假的，那么应该执行炸刑，如果执行炸刑，就反过来证明这句话是真的。而这句话若是真的，就不应当执行炸刑。现在看来，炸刑不可以，绞刑也不可以，国王一言九鼎，只好放了阿凡提。

89. 答案如下：
青年手里抓着一只飞鸟，当他到国王面前后就松开了鸟，鸟便飞走了。这样，他既没有给国王送礼物，也没有空着手来。

90. 答案如下：
老大是理发师，老二是公司职员，老三是教师，老四是医生，老五是老板。

由（1）得知，老板不是老三，也不是老四。那么老大是老板、理发师、医生、教师、公司职员中的一个，老二也相同；老三可能是理发师、医生、教师、公司职员中的一个；老四同老三；老五同老大、老二。

由（2）得知，教师不是老四，也不是老大。那么老大可能是老板、理发师、医生、公司职员中的一个；老二五种职业都有可能；老三是理发师、医生、教师、公司职员中的一个；老四是理发师、医生、公司职员中的一个；老五每种职业都有可能。

由（3）得知，老三和老五住在同一幢公寓，对面是公司职员的家。那么老大是老板、理发师、医生、公司职员中的一个；老二是五种职业中的一种；老三是理发师、医生、教师中的一个；老四是理发师、医生、公司职员中的一种；老五是老板、理发师、医生、教师中的一个。

由（4）得知，老二、老三和理发师经常一起出去旅游。那么老大是老板、理发师、医生、公司职员中的一个；老二是老板、医生、教师、公司职员中的一个；老三是医生、教师中的一个；老四是理发师、医生、公司职员中的一个；老五是老板、理发师、医生、教师中的一个。

由（5）得知，老大和老三有空时，就和医生、老板打牌。那么可以得知老三是教师。老大是理发师、公司职员中的一个；老二是老板、医生、公司职员中的一个；老四是理发师、医生、公司职员中的一个；老五是老板、理发师、医生中的一个。

由（6）得知，每隔10天，老四和老五一定要去理发店修个脸。那么老大是理发师和公司职员中的一个；老二是老板、医生、公司职员中的一个；老四是医生、公司职员中的一个；老五是老板、医生中的一个。

由（7）得知，公司职员一般都是自己刮胡子，从来不去理发店，而老四、老五去理发店。那么老大是理发师、公司职员中的一个；老二是老板、医生、公司职员中的一个；老五是老板、医生中的一个。

所以老四是医生，那么老五就是老板，老二是公司职员，那么老大就是理发师。

91. 答案如下：
因为王太太说了真话，由此可以推断出赵师傅做了伪证，再进一步推断张先生和李先生说的都是假话，所以A和B都是凶手。

92．答案如下：

这就是"协同攻击难题"，它是由格莱斯于1978年提出来的。问题在于，两个将军协同进攻的条件是："于黎明一起进攻"，这是将军A、B之间的共识。糟糕的是，无论这个情报员跑多少次，都不能够使得A、B之间形成这个共识。所以此题无解。

93．答案如下：

聪聪说的"麻婆豆腐我没吃，给退了，付什么钱？"这句话本身就有错误，可是笨笨并没有听出来。因为聪聪并没有退掉麻婆豆腐，而是用麻婆豆腐换了蘑菇炖面，而不是退掉了。

94．答案如下：

首先，根据（1）、（2）、（5）三个条件，可以列举出4个加数互不相同，而且最大加数不超过7、总和为17的式子：

1+3+6+7=17

1+4+5+7=17

2+3+5+7=17

2+4+5+6=17

再根据（3）、（4）两个条件不难看出，每人4发子弹的环数分别为：

甲：1，3，6，7

乙：2，3，5，7

丙：2，4，5，6

从上面的分析可以看出，甲与丙的相同环数为6。

另外，还有一个简单的方法：

分别用甲1、甲2、甲3、甲4来表示甲4发子弹的环数。假设甲1、甲2和乙1、乙2相同，乙3、乙4和丙1、丙2相同。所以甲3、甲4、乙1、乙2、乙3、乙4、丙3、丙4，这8个数除了重复的那个数外，应该是从1到7。而这8个数的和是17+17=34。所以重复的应该是34－（1+2+3+4+5+6+7）=6。

95．答案如下：

由条件（1）可得，其余的四种颜色，黄绿蓝白为两组互为对面的颜色，又有条件（2）、（3）可得：白色与黄色为对面，蓝色与绿色为对面。所以选C。

96．答案如下：

小红和小张才是真正的老实人。

这里可以用假设的方法。假设小红是老实人，那么小美说小红是骗子就是错误的，所以小美是骗子；小李说小红和小美都是老实人错误，所以小李也是骗子；小张说小李是骗子是正确的，所以小张是老实人；而小王说小张是骗子，所以小王是骗子。因此小红和小张是老实人。

另外其他假设均出现矛盾。所以得出小红和小张是老实人。

97．答案如下：

根据（1），可知有三位男士是高个子，另一位不是高个子。根据（4），可知孙和钱都是高个子。根据（5），得出赵不是高个子。根据（2），赵至少符合一个条件，既然他不是高个子，那他一定是小麦肤色的人。但是小红心中唯一的白马王子既要相貌英俊，还必须是高个子。根据（1），只有两位男士是小麦肤色。于是根据（3）李和孙要么都是小麦肤色，要么都不是。因为赵是小麦肤色，所以李和孙都不是小麦肤色的人，否则就有三位男士是小麦肤色了。根据（1）以及赵是小麦肤色的事实，钱一定是小麦肤色的人。

由于赵不是高个子，孙和李都不是小麦肤色，而钱既是高个子又是小麦肤色，所以钱是唯一符合小红全部条件的人，也就是他有可能为小红的男朋友。

李是高个子；孙是高个子；钱是高个子、小麦肤色、相貌英

121

俊的人；赵是小麦肤色的人。

98．答案如下：

老王让两个孩子分别坐在一个竹筐里，然后把竹筐前后调一下，这样两个孩子就换过来了，谁也不用后退。

99．答案如下：

他对第一个人说："对不起，我不识字，请你为我读一下吧。"说完，又把那张白纸塞回到第一个人手里。

100．答案如下：

李夫人的猫吃了钱先生的鸽子。

首先，我们分析赵夫人的猫吃了哪位先生的鸽子。赵夫人的猫吃的不是赵先生的鸽子；赵夫人的猫吃的也不是钱先生的鸽子，否则，钱夫人的猫吃的就是陈先生的鸽子，但是事实上，钱夫人的猫吃的是赵先生的鸽子（注意条件中提到赵夫人的猫吃了某位老先生的鸽子，正是这位老先生和吃了陈老先生的鸽子的猫的主人结了婚）。

赵老先生的鸽子是被钱夫人的猫吃掉的；赵夫人的猫吃的也不是陈先生的鸽子，否则，陈先生的夫人就会是赵夫人（注意条件：赵夫人的猫吃了某位老先生的鸽子，正是这位老先生和吃了陈老先生鸽子的猫的主人结了婚）；赵夫人的猫吃的也不是李先生的鸽子，否则赵先生的鸽子就会是被孙夫人的猫吃掉的，但是事实上是被钱夫人的猫吃掉的（注意条件：李老先生的鸽子是被某位老太太的猫吃掉的，正是这位老太太和被孙夫人的猫所吃掉的鸽子的主人结了婚；赵老先生的鸽子是被钱夫人的猫吃掉的）。

因此，赵夫人的猫吃了孙先生的鸽子。

这样，李夫人的猫吃的是陈先生的或者钱先生的鸽子。

李夫人的猫吃的不是陈先生的鸽子，否则，李夫人的丈夫就会是孙先生。（注意条件：赵夫人的猫吃了某位老先生的鸽子，正是这位老先生和吃了陈先生鸽子的猫的主人结了婚。）所以李夫人的猫吃的是钱先生的鸽子。

101．答案如下：

应该走第三条路。这一题目的前提是相信第三条路口上的话是真实的。如果第一条路口上面写的是真话，那么，它就是迷宫的出口；同时第二条路口上的话也是正确的，这和只有一句话是真话相矛盾。如果第一条路口上面的话是假的，它们就都不是通往迷宫出口的路，所以真正的路就是第三条。

102．答案如下：

这样搅拌之后，牛奶杯和咖啡杯的总容积没有变化，加进去的咖啡必然排去同样容量的牛奶。因此，咖啡杯中的牛奶容量恰好等于牛奶杯中的咖啡容量。

103．答案如下：

根据线索（4）可以知道，赵亮在顺时针3的位置上。从线索（1）中可以知道，看到翠鸟的不是位置1上的同学也不是位置4上的同学。根据线索（5）可以知道位置2的小伙子周末去钓鱼了，因此通过排除法，可以得知只能是位置3的赵亮看到了翠鸟。另外从线索（1）可以知道，李明在位置2上，而且是周末去钓鱼的人。通过线索（3）可以知道，张力肯定是在位置1上，而刘洋在位置4上。我们现在已经知道4个位置上小朋友的姓氏或者所做的事情。那么，根据线索（2）听到布谷鸟叫的姓张的小伙子肯定是坐在位置1的张力。剩下的刘洋只能是看到山楂花开的人。

所以，位置1，张力，听到了布谷鸟叫；位置2，李明，周末去钓鱼；位置3，赵亮，看到了翠鸟；位置4，刘洋，看到了山楂花开。

104．答案如下：

探险者第一个问题问得实在精彩，因为无论胖头是葫芦部族

122

的人还是金蛇部族的他都会回答"是的";如果回答"不是",则不合题意(葫芦部族的人也说了真话)。瘦头翻译的话对胖头回答的质疑说明胖头说的是假话。因此胖头是葫芦部族的人。

105. 答案如下：

李老师教历史和体育，王老师教英语和生物，张老师教数学和物理。

106. 答案如下：

甲、乙、戊戴黑色的帽子，丙和丁戴白帽子。如果按照习惯思维，会用排他法进行推理分析，即将5人的话进行假定分析，你会发现完全没有头绪，显然排他法不适合本题。

我们看看谁的陈述最简单。当然是乙和戊，如果以"戴白帽子的人猜对了"为前提，戊的陈述比较合理。我们选取他为突破口。如果戊的说法正确，那么5个人都戴着白色的帽子。又以"戴白帽子的人猜对了"为前提，则甲、乙、丙3人的猜测都是正确的。显然，这与事实不相符合，所以戊是错误的，他戴的帽子是黑色的。

我们再来看乙的陈述，如果他的话是正确的，也就是他戴的是白帽子，那么其他4个人戴的都是黑帽子，他们的陈述也都是错误的。可是丙的陈述"除我以外，有3顶黑帽子和1顶白帽子"应该是正确的，那么丙应该戴白色的帽子，显然矛盾。所以乙的陈述也是错误的，他戴的是黑帽子。

从乙和戊所戴的是黑帽子中，可以知道甲的陈述也是错误的，因此他戴的是黑帽子。

再来看丙的陈述。如果他是错的，也就是说他戴的是黑帽子，由于已确定甲、乙、戊均戴的是黑帽子，那么丁必须也戴黑帽子才能保证他的说法是错的，也就是说甲、乙、丙、丁、戊戴的全是黑帽子。这与老师说的至少有一个人戴着白帽子的隐含条件是相矛盾的。所以只有丙是正确的，他戴的是白帽子。

丙是正确的，那么他说还有一个人戴着白色的帽子就只剩下丁了，所以丁戴的是白帽子。

这样5个人在第二次推测中就可以辨清自己所戴的是什么颜色的帽子了。

107. 答案如下：

新来的经理姓齐，女性，60岁，湖南人。

5个人每人都只说对了一项，有2个人说对了同一项，综合起来5个人共说对了四项。那么新领导一定是女的而不是男的。因为如果是男的，就会有3个人说对同一项，既然是女的，那么可以肯定新领导不姓秦也不姓戚，也不是55岁，且四川人的说法也是错误的。剩下的每个人都只说对了一项，所以这位领导也不是50岁，因为不可能再有2个人猜对同一项了，所以领导是60岁。这样，新领导也不会姓陈，也不是重庆人。

108. 答案如下：

三位实习员工在星期五同时值班。

我们可以先判定星期日、星期二和星期四是谁值班；然后判定在题目中没有提到的三天中分别是谁休假。

根据（4）和（5），第一位和第二位实习员工在星期四休假；根据（4）和（6），第一位和第三位实习员工在星期日休假。因此，根据（3），第二位实习员工在星期日值班，第三位实习员工在星期四值班。

根据（4），第一位实习员工在星期二休假。再根据（3），第二位和第三位实习员工在星期二值班。

根据（2），第二位实习员工在星期一休假，第三位实习员工在星期六休假。因此，根据（1），三位实习员工在星期五同时值班。

一星期中其余三天的安排，可以按照下述推理来完成。根据（2），第三位实习员工在星期六休假。根据（3），第一位实习员工在星期一、星期三和星期六值班；第二位实习员工在星期三值班；第三位实习员工在星期一值班。

109. 答案如下：

孙膑先以田忌的下等马对齐威王的上等马，第一局毫无疑问会惨败。接着进行第二场比赛，孙膑用上等马对齐威王的中等马，胜了一局。第三局比赛，孙膑用中等马对齐威王的下等马，又胜了一局。比赛的结果是三局两胜，当然是田忌赢了齐威王。还是同样的马匹，由于调换了一下出场的顺序，就可以转败为胜。

110. 答案如下：

D的评价是正确的。小红犯的错误正是"混淆概念"。两个"3分钟"是不一样的，一个是标准的，一个是不标准的。所以，小红的推断是不正确的。

111. 答案如下：

这里可以从埃菲尔铁塔的材料去想。埃菲尔铁塔是钢铁结构的，我们结合热胀冷缩的原理来解答这一问题。白天由于光照的角度和强度是变化的，塔身各处的温度也是不一样的，所以上午和下午不仅出现了倾斜现象，倾斜的角度也是不一样的。夜间，铁塔各处的温度是相同的，所以就恢复了垂直状态。冬季气温下降，塔身收缩，所以铁塔就变矮了。

112. 答案如下：

因为房东不租给带着孩子的住户，所以我们思考问题就要从房东的租房规定上着手。小王跟房东说："先生，我要租这间房子，我没有孩子，我只带了两个大人来。"

113. 答案如下：

安妮公主和大家上岸后，向酋长买来一张牛皮，用小刀把它割成细细的牛皮条，然后把这些牛皮条一个个连接起来。接着，在平直的海岸上选好一个点作圆心，以海岸线作直径，在陆地上用牛皮绳圈起一个半圆来。这块土地几乎占据了酋长部落的一半领土，但是酋长是个信守承诺的人，他将安妮公主所圈的土地给了她。

114. 答案如下：

青云阁的仙女说的是真话，夜明珠在流萤阁内。

假设夜明珠在青云阁内，那么碧水阁和流萤阁的仙女说的都是真话，因此不在青云阁内；假设夜明珠在碧水阁内，那么青云阁和流萤阁的仙女说的都是真话，因此不在碧水阁内；假设夜明珠在流萤阁内，那么只有青云阁的仙女说的是真话，因此，夜明珠在流萤阁内。

115. 答案如下：

小明一家人要840天后才可以吃到经理许诺的免费午餐。

根据王经理的意思，每次的座位排序不可以重复。每次换一下位子，第一个人有5种坐法，第二个人有4种坐法，第三个人有3种坐法，第四个人有2种坐法，第五个人有1种坐法。$5 \times 4 \times 3 \times 2 \times 1=120$，一共有120种坐法。也就是说，小明一家人每周去这个饭店吃一次饭，他们要去120次，120周之后才能吃到免费的午餐，120周是840天。

116. 答案如下：

①因为老人修好钟时是6点，时针指在"6"上，分针指在"12"上。

②即使时针、分针装反，再过12个小时，即到下午6点，时针正好还是指在"6"上，分针指在"12"上。也就是说，由于时针、分针装反，那么时针转一圈只需60分钟（1小时），而分针转一圈是12个小时，时针速度是分针速度的12倍。

③假设老人是当天下午7点x分到，那么由于从下午6点到7点x分，时针与分针转动所用时间相等。

$12x/60=1+x/60$，$x=60/11$

即7点60/11分到达。

124

1+x/60是时针用时,由于装反,时针从6到7最短只需5分钟,但这时时针、分针所指时间显然与实际时间不符。所以时针必须转一圈后,从6再走到7x分,才是老人赶到的时间。

④同理。第二天早上6点,时钟正好指向正确的时间,设老人8点x分到。

$12x/60=2+x/60$　　　$x=120/11$

即8点120/11分到。

117. 答案如下：

郑板桥对富翁说："您不知道,其实这幅画不是表现富贵不全,而是富贵无边的意思。"所以,富翁听了特别开心。

118. 答案如下：

三种天气,三个人,每个人都有不愿意出门的天气,是不是三个人永远都不可能聚到一起呢？当然不是这样的。题目中并没有说聚会非要出门不可。下雨天的时候,小李和小红可以去小王家里做客；晴天的时候,小王和小红可以去小李家里聚会；阴天的时候,小王和小李可以去小红家里聚会。这样,三个人的计划也不会因为天气原因而发生变化。

119. 答案如下：

山大王先安排三个山贼拿着两张请柬进入屋内：一个山贼先拿一张请柬进入屋内,然后借口有事外出,领取一张临时通行证；接着,第二个山贼用第一个山贼拿出的临时通行证进了院子,进屋时用请柬的一张红卡,然后也借口有事外出,领取一张临时通行证。这时候第二个山贼的手中就有一张请柬的一张红卡和两张临时通行证；第三个山贼也用第二个山贼的方法获取了一张临时通行证。凭着这三张临时通行证,山贼每批进院门3人,出去1人,就可以将十几个山贼都安排进院子。最后,最初的三个山贼再进屋,把三张临时通行证交给总管。

120. 答案如下：

无论A盒子上的纸条是真是假,B盒上的纸条都前后矛盾,所以,B盒上的话是假话,礼物在B盒。

121. 答案如下：

小黄猫买的是白色外套,小黑猫买的是黄色外套,小白猫买的是黑色外套。也可能是小黄猫买了黑色外套,小黑猫买了白色外套,小白猫买了黄色外套。

122. 答案如下：

没有人会主动承认自己有钱,因为有钱的人说假话,不会承认自己有钱；没钱的人说真话,也不会承认有钱。因此,老五说的是假话,他有钱。由此可以知道,老三没钱,说的是真话。老三所说的"老四说过：我们兄弟五个都没钱",此句为真话,即事实上老四说过此话,但是"我们兄弟五个都没钱"是句假话,因而老四有钱；进而推知,他所说的"老大和老二都有钱"是句假话。事实上老大、老二两人中至少一人没钱。

老大说的不可能是真话,否则老三说的是假话,这和已得到的结论矛盾。因此,老大有钱。又因为老大、老二两人中至少有一人没钱,所以老二没钱,说的是真话。

概括起来,老大、老四和老五都有钱,说的是假话；老二和老三没钱,说的是真话。

123. 答案如下：

（1）是丁说的；（2）是乙说的；（3）是戊说的；（4）是丙说的。其中乙和丙是兄弟,甲是乙的妻子,戊是甲的父亲,丁是丙的儿子或者女儿。

124. 答案如下：

这四道菜对应的是唐诗《绝句》："两个黄鹂鸣翠柳,一行白鹭上青天。窗含西岭千秋雪,门泊东吴万里船。"

125. 答案如下：

小明路上遇到的第一位同学是刘丹，穿白色上衣，拿着饼干；第二位是王雨，穿黑色上衣，拿的是面包；第三位是李华，穿黄色上衣，拿的早餐是汉堡；第四位是赵丽，穿紫色上衣，拿的早餐是蛋黄派。

根据线索（4），穿紫色上衣的不是刘丹或者拿着汉堡的李华；根据线索（1），王雨穿的上衣是黑色，所以穿紫色上衣的一定是赵丽。

遇到的第一位同学穿的上衣既不是紫色的，也不是黑色的，而第三位穿黄色上衣，由此得出第一位一定穿白色上衣。

根据线索（3），第二位同学拿的是面包，而且他的上衣不是黄色或者白色，也不是穿紫色上衣的赵丽，那么他一定是穿黑色上衣的王雨。

穿白色上衣的第一位同学拿的是饼干，排除了王雨、李华和赵丽，那么他只能是刘丹。

用排除法可以知道，赵丽拿的是蛋黄派，李华是小明遇到的第三位穿黄色上衣的同学，小明最后遇到的是赵丽。

126. 答案如下：

圣诞节这天，小红8岁，小华5岁，小明3岁。

127. 答案如下：

银河旅馆的老板说："我们只要把每个房间里的客人都换到原来房间号码二倍的房间中去就可以安排这些无穷多的推销员了。"

真的是这么简单就可以解决问题吗？我们可以看一下，如果这个房间里的人都住到双号的客房中去，那么剩余的所有单号房间就会出现无穷多个，把这些单号房间空出来给那些推销员住，问题便很简单。

这个题目其实是数学上著名的"希尔伯特旅馆"——它一直被认为是一个有着无数房间的旅馆。这个故事是伟大的数学家大卫·希尔伯特提出的，他借此引出了数学上非常重要的无穷大的概念：每个整数都有一个后继者直至无穷，所以希尔伯特旅馆的每间房间后面都会有它的下一间……

128. 答案如下：

用笔在书的侧面画一条直线就可以了。这样，也就相当于在书的每一页留下一个点了。

129. 答案如下：

农夫可以先把狗送到对岸，空船返回。返回后，先把一只小羊送到对岸，再把狗装上船，带到这边的岸上。然后再把剩下的一只小羊装船送到对岸，再返回把狗带过去。

130. 答案如下：

长工很淡定地说："没什么吧，我过来了就相当于你过来了！"

131. 答案如下：

禅师拿回石头后对他说："现在你应该明白，我之所以让你这样做，主要是想要培养和锻炼你充分认识自我价值的能力和对事物的理解力。如果你生活在蔬菜市场，那么你只有那个市场的理解力，你就永远不会认识更高的价值。世人与万物都是如此，如果你认为自己只是一块不起眼的石头，那么你可能永远只是一块石头；如果你坚信自己是一块无价的宝石，那么你就是宝石。有了一定的自信心，就能够为自己的美好生活打下坚实的基础。只要你坚信自己能怎样，就一定可以怎样。拥有自信心，就能够掌握自己的命运！"

132. 答案如下：

这个中国人不紧不慢地对第二个灯神说："给我来瓶二锅头。"灯神就给了他二锅头。中国人拔去瓶盖，坐在地上慢悠悠地品尝起来。美国人和法国人则焦躁地看着中国人，等着他许第二个愿望。

中国人终于将最后一口二锅头喝进嘴里，于是站起来拍了拍屁股，对灯神说："好了，没什么事情了，你走吧。"

133. 答案如下：

王子说："那要看桶的大小了，如果桶和水池一样大，那么只有一桶水；如果桶只有水池的一半大，那么只有两桶水；如果桶只有水池的三分之一大，那么是三桶水……"

134. 答案如下：

他们把每双袜子都拆开分成了两份，袜子的标签也分成两份，然后各自拿走一份。因为袜子不分左右脚，所以这样分一点都不会出错。

135. 答案如下：

狐狸一屁股坐到了猴子的身上。

136. 答案如下：

假设A是乙部落的，与他不认识的B则为甲部落的，那么A就说了假话。A回来后说的话是："他说他是甲部落的。"这句话应该反过来理解为：B是乙部落的人，这样就矛盾了；假定A是甲部落的，那么他的话是真的，并且与他不认识的B应该是乙部落的，那么B说的就是假话。所以A回答说："他说他是甲部落的。"，正好证明了B是乙部落的，因此，这个假设是成立的。A是甲部落的。

137. 答案如下：

首先，我们先来看一看甲的说法，假设红桃、黑桃、梅花三种牌的张数分别是6、6、8，就很容易推翻甲的推断，所以甲不正确。

其次，魔术专家总共放了红桃、黑桃、梅花共20张牌在桌上，如果其中有两种牌总数超过了19，那就是达到了20张，那么另外一种牌就不存在了，这与题中所说的自相矛盾，由此可以说明丙的推断是正确的。由此可以推出乙的推断也是正确的。

所以，甲的推断是错误的。

138. 答案如下：

最后，赫胥黎对威尔博福斯的人身攻击进行了必要的回击："我断言，我重复断言，要说我起源于弯着腰走路和智力不发达的动物，我并不觉得羞耻；相反，要说我起源于那些自负、很有才华、社会地位很高，却胡乱干涉自己所茫然无知的事物、任意抹杀真理的人，那才是真正的可耻！"

赫胥黎的话有力地驳斥了主教的胡说八道，博得了听众的热烈掌声，自负而很有"辩才"的威尔博福斯却哑口无言了。

139. 答案如下：

竖起一根指头，可以做出多种解释：要是三人都考中，那就是"一律考中"；要是三人都没有考中，那就是"一律落榜"；要是一人考中，那就是"一个考中"；要是两人考中，那就是"一人落榜"。不管结果是哪种情况，都能证明他算得是对的。

140. 答案如下：

智者说："如果那样，就把壶里的水倒掉一些！"

青年若有所思地点了点头。智者接着说："你一开始踌躇满志，树立了太多的目标，就好像这个大水壶装的水太多一样，而你又没有足够多的柴火，所以不能把水烧开。要把水烧开，你或者倒出一些水，或者准备足够的柴火！"

青年顿时大悟。回去后，他把计划中所列的目标画掉了许多，只留下几个，同时利用业余时间学习各种专业知识。几年后，他的目标基本都实现了。

141. 答案如下：

"真是抱歉，大王！"兔子回答说，"我最近伤风，鼻子都塞住了。您能不能让我回家休息几天，等我伤风好了再说？因为只有到那个时候，我的鼻子才管用，才能说出您的嘴里发出来的是什么气味。"

狮子没有办法，只好放兔子回家。兔子趁此机会逃走了，一去不复返。

142. 答案如下：

运动员当然会超过乌龟，这是我们的常识。

要确定具体的超越点也是很容易的。

可以设定乌龟跑了 s km 后可以被追上。那么这个时候运动员跑了 $s+12$ km。那么 $s/(s+12) = 1/12$ 解得 $s=12/11$ km。

143. 答案如下：

第一次洪水过后，退潮时，水平面降到高桥之下，但仍能淹没低桥；第二次、第三次和第一次相同。于是就出现了高桥被淹了三次，低桥却只淹了一次的情况。

144. 答案如下：

不能。根据（1）可以知道：标有日期的信是用粉色纸写的；根据（2）可以知道：丽莎写的信是以"亲爱的"开头的；根据（3）可以知道：不是约翰写的信，不是用黑墨水写的；根据（4）可以知道：收藏的信是不能看到的；根据（5）可以知道：只有一页信纸的信是标明了日期的；根据（6）可以知道：做标记的不是用黑墨水写的信；根据（7）可以知道：用粉色纸写的信是用来收藏的；根据（8）可以知道：做标记的信只有一页信纸；根据（9）可以知道：约翰的信是不以"亲爱的"开头的。

综上可知：丽莎写的信，不是约翰写的，不是用黑墨水写的，做了标记，只有一页信纸，标明了日期，用粉色纸写的，收藏起来了，皮特不能看到。所以，皮特不能看到丽莎的信。

145. 答案如下：

首先我们需要判定哪些嗜好组合可以符合这三人的情况，然后判定哪一个组合与住在中间的人相符合。

根据（1），可以知道每个人的嗜好组合是下列之一：

① 咖啡、狗、网球；

② 咖啡、猫、篮球；

③ 茶、狗、篮球；

④ 茶、猫、网球；

⑤ 咖啡、狗、篮球；

⑥ 咖啡、猫、网球；

⑦ 茶、狗、网球；

⑧ 茶、猫、篮球。

根据（5），可以排除③和⑧。根据（6），可以知道②是某个人的嗜好组合。接下来，根据（8），⑤和⑥是可以排除的。再根据（8），④和⑦不可能分别是某两人的嗜好组合；因此①必定是某个人的嗜好组合。然后根据（8），排除⑦；于是余下来的④必定是某个人的嗜好组合。

既然这三人的嗜好组合分别是①、②和④，那么根据（2）、（3）和（4），住房情况必定如下表所示：

张②	陈①	李④	张②	李④	陈①
咖啡	咖啡	茶	咖啡	茶	咖啡
猫	狗	猫	猫	猫	狗
篮球	网球	网球	篮球	网球	网球

根据（7），④不可能是住房居中者的嗜好组合。因此，根据（4），陈小姐的住房居中。

146. 答案如下：

因为这个聋子讲的故事就是刚才那个朋友讲的故事，这样大家肯定会笑得更厉害了。

147. 答案如下：

因为前一个朋友是在晚上接近12点的时候打来的电话。而后一个朋友是在12点之后，这时候已经是新的一天了，小王当然无法知道比赛结果了。

148. 答案如下：

这里需要从招牌上的字入手。中间的店主在门上写的是"主要入口处"，这样顾客就会误认为从这里进去才能买东西，所以都会从这个门进入店铺。

149. 答案如下：

将盘子分别编号为甲、乙、丙、丁，其中，甲放三条小鱼，乙放一条小鱼。小猫可以先从甲、乙中各取一条鱼，放入丙中；再从甲、丙中各取一条鱼放到乙中；再从甲、丙中各取一条鱼放到丁中；再从乙、丁中各取一条鱼放到甲中；最后将乙、丁中各剩下的一条鱼放到甲中。

150. 答案如下：

假设发觉自己被画线的是小王，小王就会想："我们三个人都可以认为自己的脸是干净的，小红认为自己的脸是干净的，所以笑小李的脸被画线了，但是如果小红看到我的脸是干净的，那么她看到小李笑就会很奇怪。因为在这种情况下，小李没有发笑的理由。然而，现在小红没有感觉到奇怪，小红就认为小李是在笑我。由此可见，我自己的脸上也被画了线！"

151. 答案如下：

如果①、③、⑤、⑦这四句话中有两句是真话，那么其中必然还有一句话是真话。因此，①、③、⑤、⑦这四句话不可能正好有两句是真话；如果②、④、⑥、⑧这四句话中有三句假话，那么余下的一句必然也是假话。于是，①、③、⑤、⑦这四句话中，要么有一句假话，要么恰好三句是假话，要么四句全是假话；而且②、④、⑥、⑧这四句话中，要么没有假话，要么只有一句假话，要么恰好有两句假话，要么四句全是假话。

而根据已知条件"他们四个人说的话中，只有两句是真话"，那么一共就会有6句假话。从上述两组可能的假话数目中各自挑选一个加起来等于六的情况只有一种：四加二。因此，①、③、⑤、⑦全是假话，②、④、⑥、⑧中两真两假。如果②是假话，那么小王是第一名，这不符合题意，因此，②是真话。于是，要么②和④是真话，要么②和⑥是真话，要么②和⑧是真话。

如果②和④是真话，那么⑥和⑧就是假话。这样四个人的名次排列就是：小李、小王、小张、小华。但是这个排列与⑤是假话相矛盾。

如果②和⑧是真话，那么④和⑥就是假话。这样，四个人的名次排列就是小华、小李、小张、小王。但是这个排列与③是假话相矛盾。

因此，②和⑥一定是真话，这就意味着④和⑧是假话。这样，四个人的名次排列就是：小张、小李、小王、小华。小张是第一名。

152. 答案如下：

因为每人都猜对了一瓶，并且每人猜对的颜色都不同。所以，猜对第一瓶的只有丙，也就是说第一瓶里的药丸是蓝色的，而第五瓶就不是黄色，再由戊的猜测可知，第五瓶也只能是蓝色。那么戊说的第二瓶是黑色就是错误的，而猜到第三瓶的只有甲和乙。显然甲说的第二瓶为蓝色是错误的，因为上面已推出第五瓶是蓝色，那么只能是乙所说的，第二瓶药丸为绿色。则甲说的第三瓶是黑色正确，丁说的第四瓶为黄色也正确。因此，第一瓶药丸为蓝色，第二瓶药丸为绿色，第三瓶药丸为黑色，第四瓶药丸为黄色，第五瓶药丸为蓝色。

153. 答案如下：

从先手和胜方的可能序列中判定王牌的花色，然后判定在哪一圈先手出了王牌并且取胜，最后判定在哪一圈出了黑桃。

总共玩了四圈牌。因此，根据（3）、（4），必定在某一圈先手出的牌是王牌而且这圈是先手胜。于是，根据（1）和（2），先手和胜方的序列是以下二者之一：

第一种情况：
甲先手，甲胜
甲先手，乙胜
乙先手，乙胜
乙先手，甲胜

第二种情况：
甲先手，乙胜
甲先手，乙胜
乙先手，乙胜
乙先手，甲胜

甲先手，甲胜

不是先出牌而能取胜，表明打的是一张王牌。因此，无论是第一种情况还是第二种情况，都要求一方有两张王牌，而另一方有一张王牌。从而得出，黑桃是王牌。

假定第一种情况是符合实际情况的序列，那么根据（4）以及第一圈乙手中必定有一张黑桃的事实，甲在第一圈不是先出了王牌黑桃而取胜的；根据（4）以及甲在第四圈必定出黑桃的事实，乙在第三圈也不是先出了黑桃而取胜的。这同我们开始分析得出的结论是相矛盾的。

所以，第二种情况是符合实际的序列。这样，根据（4）以及第二圈甲手中必定有一张是黑桃的事实，乙在第二圈不是先出了黑桃而取胜的。因此在第四圈的时候，甲先出了黑桃并取胜。

根据上述推理，在第一、三、四圈都出了黑桃，只有在第二圈中没有出黑桃。

其他的情况是：甲在第一圈先出的是乙手中所没有的花色。既然甲手中应该有两张黑桃，那么甲是爸爸，他在第一圈先出的是梅花。接着在第二圈出了红心。因此，根据（4），小王在第二圈先出了方块并取胜；根据（3），小王在第三圈先出了红心，在第四圈出的是方块。

154. 答案如下：

甲先生住在亚洲印度的新德里，乙先生住在南美洲巴西的巴西利亚，丙先生住在欧洲法国的巴黎，丁先生住在北美洲美国的纽约，戊先生住在北美洲美国的芝加哥。

155. 答案如下：

青年对苏丹说道："陛下！这三个金雕像都有和人一样的特点。第一个雕像就像是一个快嘴的人，它听到什么，马上就要说出来，这种人是靠不住的。所以，这个雕像值不了几个钱。第二个雕像就像是一个左耳进、右耳出的人。这种人不学无术，没有什么本事，值得钱也不多。第三个雕像就像是一个很有涵养的人，它能把知道了的东西全部装在肚子里，所以，这个雕像是最值钱的。"

156. 答案如下：

坐着是坐着，躺着也是坐着，立起来也是坐着，走路也是坐着，所以是青蛙；坐着也是躺着，躺着也是躺着，走路也是躺着，立着也是躺着，所以是蛇。蛇是吃青蛙。

157. 答案如下：

小华说钱包不是她发现的，也不知道是谁发现的，由此就可以判定：她的第二句话是假的，第一句话是真的。那么小丽说的第二句话就是真的，第一句话是假的。所以，钱包是小丽最先发现的。

158. 答案如下：

作为一个看仓库的人，晚上是最重要的，所以不能睡觉。临时工说他做了一个梦，说明他昨天晚上睡着了。这样，农场主当然不放心了。开始时，农场主听了好话只顾高兴了，过了一会儿明白了过来，自然就把他辞掉了。

159. 答案如下：

此人走私的是自行车。所以小王虽然每次都严密检查却无法得知走私物品。

160. 答案如下：

有一点需要注意的是，这一天气预报是前天发布的，所以预报中说的后天就是今天。由此一步步进行推论就可以得出：昨天的天气和前天的不同。由于前天下了雨，所以昨天的天气是无雨。如果把答案说成"昨天是晴天"，那就不准确了，因为与雨天不同的天气也可能是阴天。

Part 3 图形推理游戏

161. 答案如下：
浅蓝色部分为扩建部分。扩建完之后如答案3-1所示。

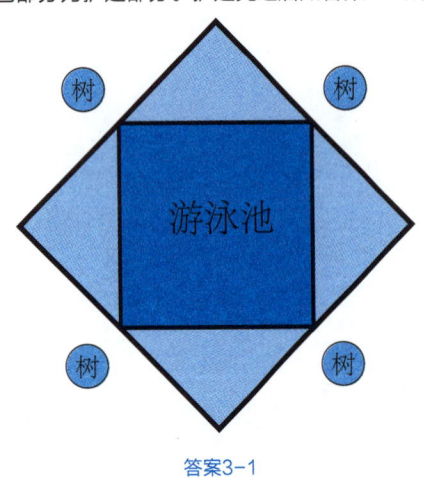

答案3-1

162. 答案如下：
如答案3-2所示。

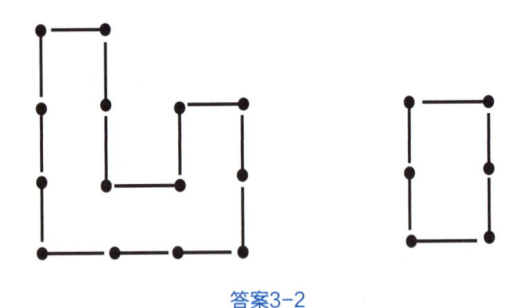

答案3-2

163. 答案如下：
如答案3-3所示。

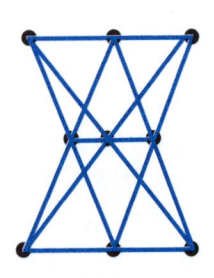

答案3-3

164. 答案如下：

如答案3-4所示。

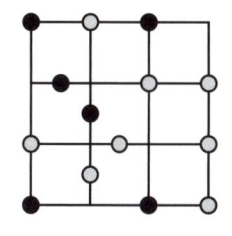

答案3-4

165. 答案如下：

如答案3-5所示。

6	2	9	3	7
3	7	6	2	9
2	9	3	7	6
7	6	2	9	3
9	3	7	6	2

答案3-5

166. 答案如下：

如答案3-6所示。蓝色圆点的排序从顶部开始，从左向右，蓝色圆点依次跳过1个、2个、3个、4个三角形。

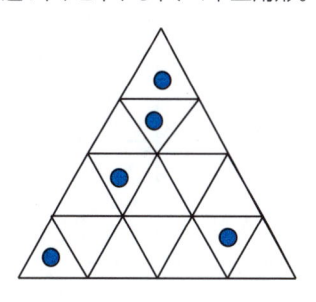

答案3-6

167. 答案如下：

如答案3-7所示。

A.

答案3-7

168. 答案如下：

如答案3-8所示。

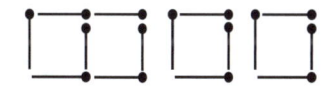

①用15根火柴摆成的4个正方形

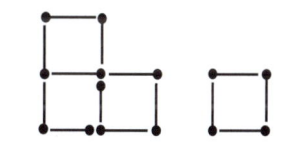

②用14根火柴摆成的4个正方形

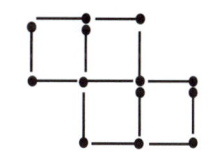

③用13根火柴摆成的4个正方形

④用12根火柴摆成的4个正方形

答案3-8

133

169. 答案如下：

如答案3-9所示。

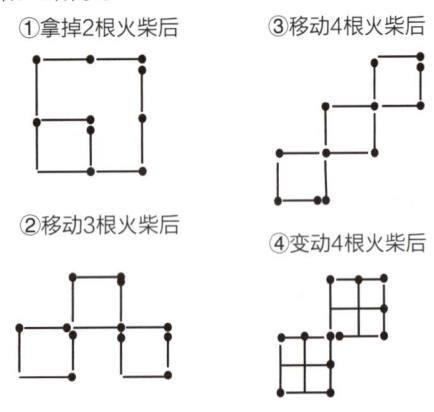

①拿掉2根火柴后

③移动4根火柴后

②移动3根火柴后

④变动4根火柴后

答案3-9

170. 答案如下：

将一个三角形沿中线拦腰剪开，先拼成一个小正方形，然后再拼成大正方形，如答案3-10所示。

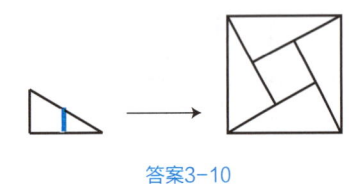

答案3-10

171. 答案如下：

如答案3-11所示。

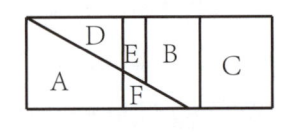

答案3-11

172. 答案如下：

第9个图形。它是唯一一个里面图形的边数比外面图形的边数多的图形。

173. 答案如下：

B。每个小方格里面的箭头每次都逆时针旋转90°。

174. 答案如下：

如答案3-14所示。

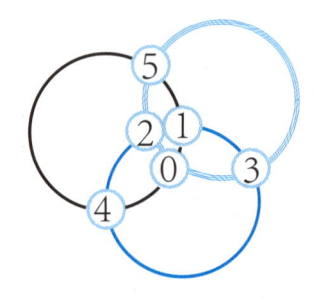

答案3-14

175. 答案如下：

横向进行，把左右两边的图形添加在一起，就可以得到中间的图形。空格处如答案3-15所示。

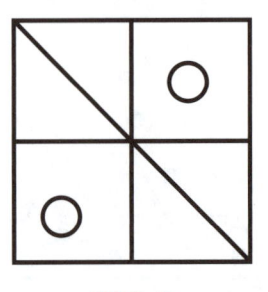

答案3-15

176. 答案如下：

如答案3-16所示。

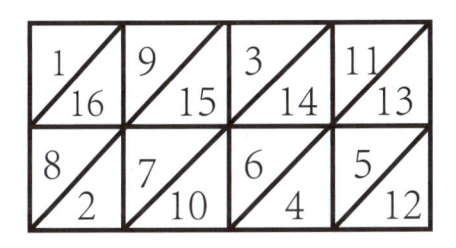

答案3-16

177. 答案如下：

如答案3-17所示，球桌上蓝色的线为球的运动轨迹。

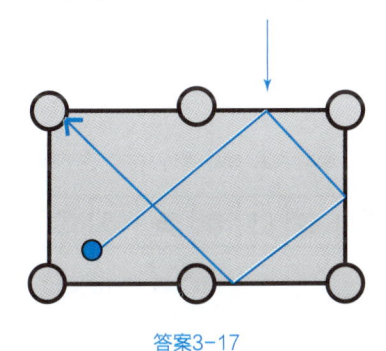

答案3-17

178. 答案如下：

答案是可能，而且办法是唯一的。受到前两个图形的影响，你一定相当费心思地仔细分割，而答案出奇地简单。

将正方形分割成唯一的五个恒定的图形，如答案3-20所示。

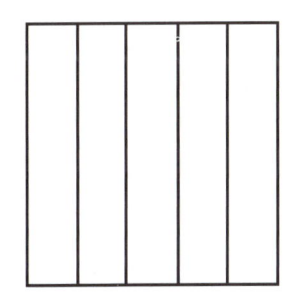

答案3-20

179. 答案如下：

有两种方法，如答案3-21所示。

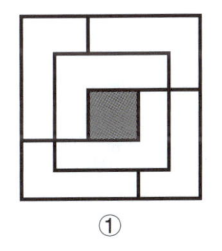

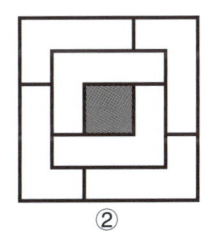

① ②

答案3-21

180. 答案如下：

如答案3-22所示，需要用5条线段。

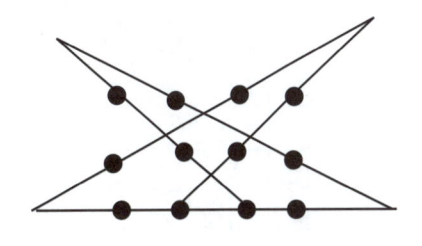

答案3-22

135

181. 答案如下：

按照答案3-23中标注的蓝色线条进行分地，就可以保证每个人分得的地面积一样，形状也相同。

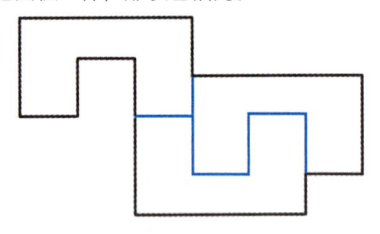

答案3-23

182. 答案如下：

如答案3-24所示。

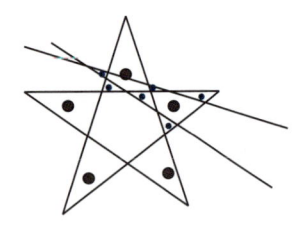

答案3-24

183. 答案如下：

如答案3-25所示。

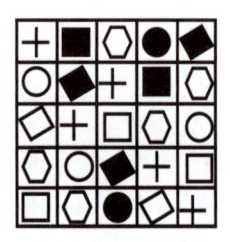

答案3-25

184. 答案如下：

C。因为只有图形C上下不对称，其他都是上下对称的。

185. 答案如下：

如答案3-27所示。

第一步：

黑1 黑2 黑5 白6 白7 黑3 黑4 白8 白9 白10

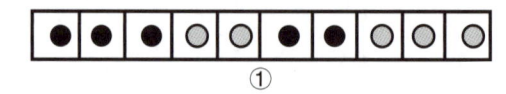

①

第二步：

黑1 黑2 黑5 白6 黑4 白8 白9 白7 黑3 白10

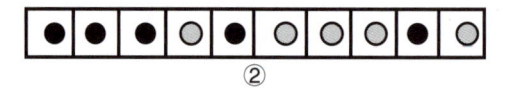

②

第三步：

黑5 白6 黑4 白8 黑1 黑2 白9 白7 黑3 白10

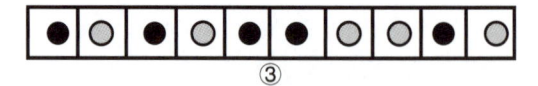

③

第四步：

黑5 白6 黑4 白8 黑2 白9 黑1 白7 黑3 白10

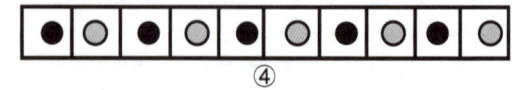

④

答案3-27

136

186. 答案如下：

如答案3-28所示。

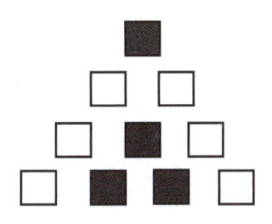

答案3-28

187. 答案如下：

第1列圆形中的块数加上第3列圆形中的块数，等于第2列圆形中的块数，如答案3-29所示。

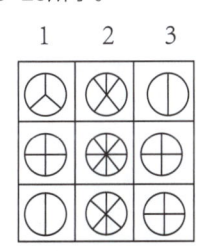

答案3-29

188. 答案如下：

据说，四阶幻方的填法非常多，这里给出的只是其中两个答案，如答案3-30所示。

16	3	2	13
5	10	11	8
9	6	7	12
4	15	14	1

16	5	2	11
3	10	13	8
9	4	7	14
6	15	12	1

答案3-30

189. 答案如下：

如答案3-31所示。

D	E	A	C	B
E	D	C	B	A
C	A	B	E	D
A	B	E	D	C
B	C	D	A	E

答案3-31

190. 答案如下：

每3个圆的3条公共弦有1个交点，所以一共有3个这样的交点，这3个点连成线组成了1个三角形，如答案3-32所示。

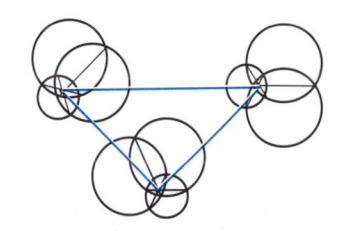

答案3-32

191. 答案如下：

这里需要画几个辅助的圆（浅色的圆圈是辅助圆），如答案3-33所示。

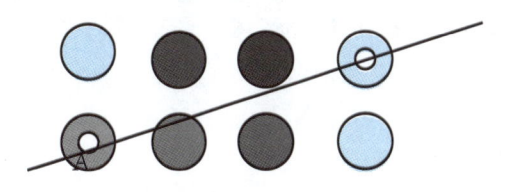

答案3-33

137

192. 答案如下：

如答案3-34所示。

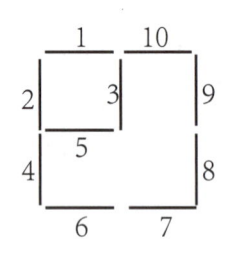

答案3-34

193. 答案如下：

一共有20个正方形。

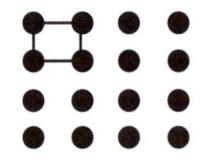

①这样的有9个正方形。 ②这样的有4个正方形。

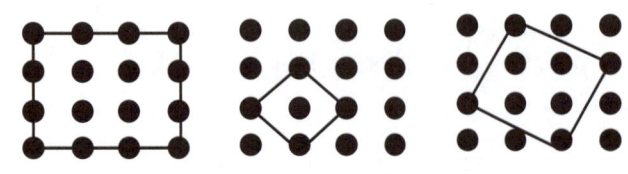

③这样的有1个正方形。 ④这样的有4个正方形。 ⑤这样的有2个正方形。

194. 答案如下：

老王将围栏做成如答案3-36所示的样子，把9只动物分别放进去。

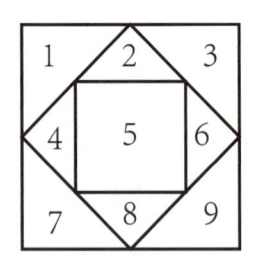

答案3-36

195. 答案如下：

坐在C位置的刘先生点了牛排。破解此题的主要关键在于"邻座的人都点了不一样的东西"，因此，只要顺利排出各人所点的东西，并且填入他们的菜单，如此一来，主菜栏空白的便是点了牛排。李先生坐在A座，那么王先生一定不是B、C座，于是确定D座是王先生，而坐在B处的人点了一份猪排，那么刘先生肯定坐C座，而且A、D两人点了鸡排和羊排，所以可以判定坐在C座的刘先生点的是牛排。

座位	人物	主菜	汤	饮料
A	李先生	鸡排	洋葱汤	冰咖啡
B	?	猪排	玉米浓汤	果汁
C	刘先生	?	玉米浓汤	热红茶
D	王先生	羊排	罗宋汤	冰咖啡

196. 答案如下：

首先，我们来分析一下这10组日期。经观察不难发现，只有6月7日和12月2日这两组日期的日数是唯一的。由此可以看

138

出,假如小红知道N是7或者2,那么她肯定知道老师的生日是哪一天。

再次,我们来分析一下小刘说的话。小刘说:"如果我不知道的话,小红肯定也不知道。"而该10组日期的月数分别为3,6,9,12,而且相应月的日期都有两组以上,所以小刘得知M后是不可能知道老师生日的。

进一步分析,小刘说:"如果我不知道的话,小红肯定也不知道。"可知小红得知N后也绝不可能知道。

然后,结合前面的分析,可以推断:所有6月和12月的日期都不是老师的生日。因为如果小刘得知M是6,而若小红知道N是7,则小红不需知道M值也能知道老师的生日。

同样的道理,如果小刘得知M是12,小红得知N是2,则小红同样可以知道老师的生日。即M不是6和12。现在只剩下"3月4日、3月5日、3月8日、9月1日、9月5日"5组日期。而小红知道了,所以N不是5(有3月5日和9月5日),此时,小红的N∈(1,4,8)(注:此时N虽然有3种可能,但对于小红来说只要知道其中的一种,就能得出结论。)所以小红说:"本来我也不知道,但是现在我知道了。"通过这样的推理,最后就剩下"3月4日、3月8日、9月1日"三个生日。

小刘说:"哦,那我也知道了。"说明M是9,N是1。(N是5已经被排除,3月的有两组。)因此,正确答案应该是9月1日。

197. 答案如下:

横着看三个图为一列,把外切小球看成相加,把内切小球看成相减,一列都是图1和图2通过上面的算法和规律推出的第三幅图,答案为C。

198. 答案如下:

棋盘中最多可以放12颗棋子,方法如答案3-39所示。

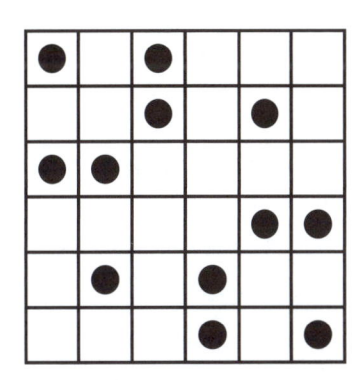

答案3-39

199. 答案如下:

如答案3-40所示。

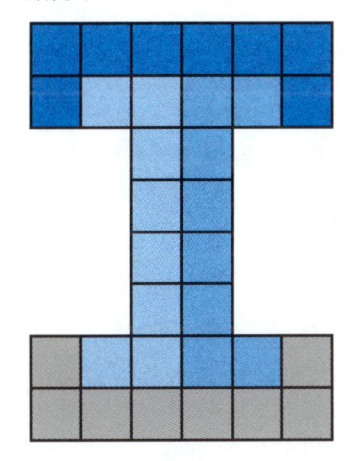

答案3-40

200. 答案如下:

D。你可以尝试着动手折一折。

201. 答案如下：

D。除了D以外，所有的图形都可以从立方体中切割出来，如答案3-42所示。

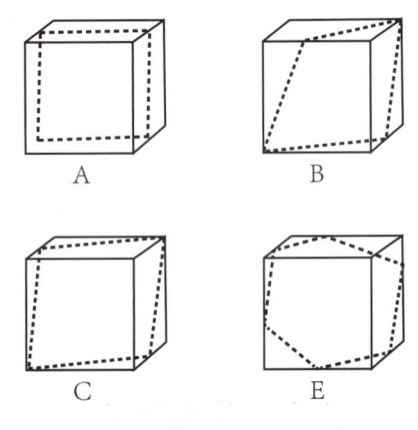

答案3-42

202. 答案如下：

C。注意观察图形，每一行都有这样的规律。第一个图案向右翻转得到了第二个图案；第二个图案向上翻转得到第三个图案。

203. 答案如下：

图中只有C、E、G三个图形可以构成立方体。

204. 答案如下：

A。第二个图案是把第一个图案的第一排移到第二排，第二排移到第三排，第三排移到第四排，第四排再移到第一排。依次类推得出答案。

205. 答案如下：

B。把前面两个图案重叠，删掉重复的阴影就得到了第三个图案。

206. 答案如下：

D。把第一、第二两个图重叠起来，重复的部分就是第三个图案。

207. 答案如下：

这是在考察你的空间想象能力，b的对面写有e。如果还不清楚，你亲手做一个骰子就知道了。

208. 答案如下：

如答案3-49所示，小王用图中虚线把它分成大小相等、形状相同的两部分。

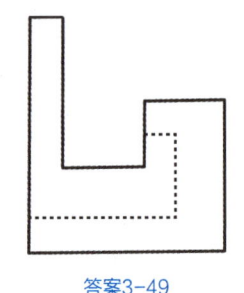

答案3-49

209. 答案如下：

老李可以参照答案3-50中蓝色的线标出的路线巡视。

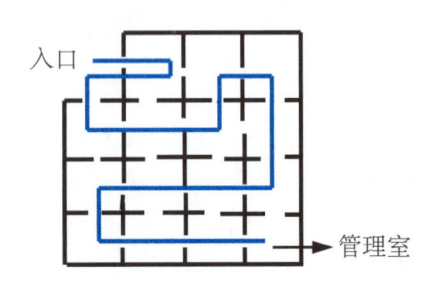

答案3-50

140

210. 答案如下：

如答案3-51所示。

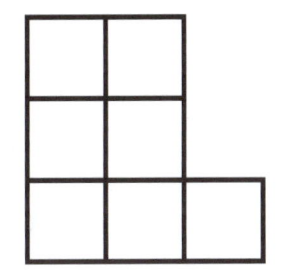

答案3-51

丽丽只需把右上角那个正方形的3条边分别移动到上中下3个空缺处就好了。

现在答案3-51一共有9个正方形，其中包括7个小正方形和2个大正方形。

211. 答案如下：

5小块中最大的两块2和3对换了一下位置之后，被那条对角线切开的每个小正方形都变得高比宽大了一点点。这就意味这个大正方形不再是严格的正方形。它的高增加了，从而使得面积增加，增加的面积恰好等于那个洞的面积。

212. 答案如下：

一共有3种，如答案3-53所示。

① ② ③

答案3-53

213. 答案如下：

如答案3-54所示。

14	10	1	22	18
20	11	7	3	24
21	17	13	9	5
2	23	19	15	6
8	4	25	16	12

答案3-54

214. 答案如下：

共有12个正方形。注意图3-55本身就是一个正方形。

215. 答案如下：

如答案3-56所示。

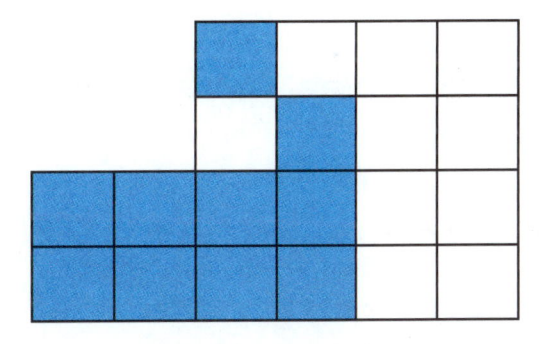

答案3-56

141

Part 4 侦探推理游戏

216．答案如下：

既然拿错了箱子，那么那位男子肯定会有自己原来的箱子。但是他把箱子给了女士之后，直接去了出口，而不是回头找自己的箱子。所以，他应该是个小偷。

217．答案如下：

因为昨天晚上下了一夜雪，如果张三是早上回到家的话，门口一定会有他的脚印，但是张三的家门口却一点痕迹都没有，这说明他说了谎。偷钱的就是张三。

218．答案如下：

因为小王是这一带的片警，所以会很了解这一带住户的情况。他心里清楚李女士是没有哥哥的。而李女士说他的哥哥向自己问好，那一定有问题。

219．答案如下：

如果真的是枣子，过了四年，也早烂了。而菜坛子里的枣子还是很新鲜，所以县令判断邻居在说谎。

220．答案如下：

水分在多角的地方容易聚积，所以角多的三角洞旗比角少的圆洞旗干得慢，圆洞旗先干。

221．答案如下：

根据常识，彩虹的位置总是和太阳相反的，看彩虹的时候，是不可能看到太阳的。所以真正的罪犯是第二个嫌疑犯。

222．答案如下：

如果F排在E后面，那顺序就是CEBFA，这样（4）（5）的情况就无法同时满足，所以F肯定是在E的前面，这样BCEF四个人的顺序是CFEB或FCEB，因为E不是第五个，所以A和D不能都在E前面，两个人也不能都在B后面，所以六个人的顺序是CFAEBD或者FCDEBA，无论怎样组合，E都是第四位。

223．答案如下：

假设老鼠B说的是实话，那么老鼠A说的就是假话，因为它们都偷食物了；假设老鼠C或D说的是实话，这两种假设只能推出老鼠A说假话，与题意不符。假设老鼠A说的是实话，那么其他三只老鼠说的都是假话，这符合题中仅一只老鼠说实话的前提。所以老鼠A说的是实话。

224．答案如下：

第一，如果肉上缠着头发，锋利的刀切下去，就会被切断的；现在切块后肉上面仍然缠着头发，没有被切断，说明切前肉上并没有缠着头发。第二，即使切块后肉上缠着头发，在高温的烧烤下，头发也会被烧焦的；但是烤熟的肉上缠着没有被烧焦的头发，说明头发不是在烤之前被缠上的。所以厨师根本就没有错。厨师主动认错，正是他没有犯错的理由。

225．答案如下：

旗手的话是有破绽的。英国的船只驶入日本领海，无论挂日本旗还是挂英国旗，都不存在挂倒的问题。所以旗手是说谎者，他就是小偷。

226．答案如下：

于成龙说："农夫踩死的是一只小鸡，你并没有喂养很久。俗话说：'斗米斤鸡。'如今你的鸡死了就不必喂了，省了9斗米，你应该还农夫9斗米。"当时1斗米300钱，9斗米就是2 700钱。这下米店老板当然赔本了。

227．答案如下：

要判断真假，就要熟悉马的生活习性。百马图的作者也是熟悉马的生活习性的。马在吃草的时候，为了防止杂草等刺伤眼睛，会本能地闭上眼睛，所以后一幅画是真品。

228．答案如下：

因为当时是寒冬季节，河上结了厚厚的冰，农夫从冰上过河，身上自然不会湿了。

229．答案如下：

骡子是马和驴交配产下的后代，虽然也有公母之分，但是都没有生育能力，如果想得到骡子，只能再次通过马和驴的交配获得。张三不懂得这个常识，撒了谎。

230．答案如下：

这里利用到了一定的地理知识。在北半球，月亮和太阳一样在天空的南部东升西落。嫌疑人如果坐在东西流向的河流南岸，就是面朝北面。这样的话，他就不可能看到河水中月亮的倒影。所以，张三说了假话。

231．答案如下：

过了一会儿，鹅在白布上面拉屎了。凡是有生活常识的人都知道，乡下的鹅吃稻谷，拉出来的屎是绿色的；而城里的鹅吃米饭，屎是黄色的。因此，只要看看白布上的鹅屎的颜色，就知道谁是鹅的主人了。

232．答案如下：

约克指出的是第四个人。嫌疑犯因为他们二人的追赶跑了很长一段路，一定会气喘吁吁。而在这六个人当中，只有第四个人在大口大口地喘气。他之所以不断跑步取暖，是因为想掩饰自己已经气喘吁吁并满头大汗的事实。所以，第四个人就是嫌疑犯。

233．答案如下：

偷金子的人做贼心虚，老人说："偷金子的人只要一拉马的尾巴，它就会叫。"这样他便不敢去摸马尾巴。因此他的手上不会沾上马尾巴的气味。老人只要用鼻子一闻就知道谁是盗贼了。

234．答案如下：

寒冷的天气，室内温度比较高，冰霜一般都是结在室内的玻璃上的，户外玻璃是不会结上厚厚的冰的。可见，山姆在说谎。

235．答案如下：

魔术师拿来了一个仿真的纪念明信片，然后假装变魔术，将假的扔掉以后，对着众人宣布，他将明信片放进了那个家伙的衣

143

服口袋里，这样，真的明信片就很自然地拿了回来。

236. 答案如下：

证据就是那只冰冷的灯泡。因为仆人说从锁孔里面看时电灯忽然关闭，而两人破门而入不超过两分钟，加上夏季气温较高，灯泡应该还是热的才对。

237. 答案如下：

C是抢劫犯，无论A是不是抢劫犯，他肯定不会自己亲口承认，那么B说的是实话，C为了嫁祸A说了谎。

238. 答案如下：

警察忽略了那几封信上的邮票。因为这些邮票都是稀有邮票，每枚价值都在数千英镑以上。

239. 答案如下：

黄知县让赵富贵稍等，然后拿着银牙签来到后衙。让一个衙役带上银牙签，扮作伙计模样，去赵富贵店里取布。衙役见到赵富贵妻子后，取出银牙签对她说："赵先生将前两天进的那两匹布转卖给他人了，现在赵老板有事情不能亲自来，派我来代为取布，因为怕你生疑，所以让我以银牙签为证。"赵富贵的妻子仔细地查看了银牙签后，确认是丈夫的随身之物，便将陈达的布匹交给了差役。此刻，证据确凿，赵富贵只好认罪。

240. 答案如下：

那个大臣摸出一张纸卷后，装作不小心的样子投入油锅下的灶火中。这样，要判断他刚才摸出的是什么字，只有开箱验看。当皇帝看到箱中剩下的是一"死"字时，就会断定大臣刚才摸出的是"生"字。

241. 答案如下：

"由于当时是四月天，胡某的夫人是不会使用扇子的。但是，却发现了折扇，摆明了是有人杀了胡某的夫人而嫁祸给李前。"

242. 答案如下：

他们夫妻身高差别很大，那么张三在给警察演示消声器装置的时候就不会是"舒舒服服地坐在驾驶座位上"了，显然张三和他妻子说了谎。

243. 答案如下：

漏电失火只能用喷射的二氧化碳灭火器灭火，千万不能用自来水去浇。自来水是导电的，不仅会伤到人，还可能引起第二次更加严重的火灾，这是基本的常识。值班人员说自己是用自来水把火扑灭的，又肯定地说火灾是漏电引起的。说得那么绝对，显然是为了掩饰自己的污点，以防警察看到账本。

244. 答案如下：

根本不是张三杀掉了李四，李四是中毒而亡。由于他在屋子里长时间地烧炭取暖，产生了大量的一氧化碳；再加上天气寒冷，门窗紧闭，屋子内的空气不流通，结果高浓度的一氧化碳使得他中毒死亡。

245. 答案如下：

孔融说："我猜想您小的时候一定很聪明吧！"这样便反将陈老一局，讽刺他是迂腐的人，令其尴尬不已。

246. 答案如下：

因为这个人没有把斗笠拿在左手，而是拿在了右手。所以，侦察员判定他是奸细。

247. 答案如下：

第53页和第54页是同一张纸的两面，这样怎么能夹资料呢？

248. 答案如下：

县官是从嫌疑人的神情来推断的。刚开始的时候他是以一个义正词严被误解的人物形象出现的。而且这个误解又导致他被打了50鞭子，他应该很气愤很委屈才对。可是当要放他走的时候，他没有怨恨扭送他来的人，只是谢恩就走了，这不合情理。因此，县官断定他是假装清白。

249. 答案如下：

那个人让老翁说："你说钱袋里有130个铜钱，而这里只有100个铜钱，因此它不是你的，我需要等到真正的失主来。"

250. 答案如下：

从结果上看，王强确实传递了信息给组织。而信息的形式有很多种。可以是声音形式，也可以是视觉形式。视觉形式上，又可以有文字形式的，图形化的，乃至实体形象化的。本例中，王强的声音没有特别之处，也没有写过什么，画过什么，但是他在打靶的过程中，使得子弹在靶标上留下特定形式的弹孔组合，并通过十个靶标的弹孔组合表达了足够的信息。组织在对王强足够的信任基础上，按照上面的思路判断出王强的信息存在于靶标之上。当走私集团的人走后，他们拿到王强的靶标，读出了信息。

251. 答案如下：

县令让手下杀死其中的一只羊，与另一只羊一起放在柴堆里烧。活着被烧死的羊嘴里有灰尘，而被杀死之后再烧的羊嘴里是干净的。那个女人的丈夫嘴里没有一丝灰尘，说明是被杀之后才被放到火中烧的。

252. 答案如下：

三根本来相同长度的草棍，到后面却出现了两长一短的情况，证明拿短草棍的人之前故意把草棍掐去了一截。他为什么要掐去一截呢？因为他不想让自己的草棍成为最长的那根。三人中只有盗贼才会去改动自己草棍的长度。因此，草棍与别人长度不同的人就是盗贼。

253. 答案如下：

原来飞行员看到的那个人是一个三四岁的小孩子，并且那个小孩子当时在地上跑来跑去，显得十分活泼而又健康。如果没有大人的照顾，一个孩子不可能独自存活在这个荒岛上，所以飞行员肯定这个荒岛上至少有两名幸存者。

254. 答案如下：

很简单，将车教给救命恩人医生，让他开车送老人去医院，自己则留下来陪心仪的姑娘等公交车。

255. 答案如下：

物证人员交给警探的是一个装有花粉的瓶子。花粉是裸子植物和被子植物的生殖器官，体积微小，要借助于显微镜才能看到。分析人员借助于仪器从花粉特征上辨认它们属于哪种植物，警方假设雅克和死者一同去过有着产生这种花粉的植物的地区，并且根据植物的分布特点找到了这样的区域，最终找到了尸体。

256. 答案如下：

探长了解到这三位客人受伤的手上都涂抹过碘酒。从常识来讲，碘酒遇到淀粉会变成蓝色。存放黑钻石的箱子的封条上有糨糊，而糨糊中有淀粉。当探长看到布莱克手上蓝黑色的物质时，便确定是他打开了封条，偷走了黑钻石。

257. 答案如下：

卖身契上的疑点有：

（1）邱以诚10岁时是一个市井幼童，不可能写出行文端正的契据，更不可能在三十多年之后，其书法无任何长进。

（2）10岁幼童卖身为仆人，应该是家贫，所以根本没有什么钱读书，不可能自己手写卖身契。

（3）"邱"字在清朝雍正三年之前，只作地名，"邱"字作为姓不加右侧的偏旁，写作"丘"。到了雍正三年，因为避孔子（名丘）之讳，才加上偏旁，成了"邱"。卖身契写于康熙五十九年，那个时候"丘"姓还不能写作"邱"。

258．答案如下：

哥哥在弟弟睡觉的时候，都会说那样一句话。如果弟弟真的睡着了，他自然听不到；可他如果是装睡，自然就能听到哥哥说的那句话，所以他会认为哥哥的话很准。

259．答案如下：

婴儿的泪腺一般在其出生三个月之后才能发育好，而俏丽少妇却说孩子才刚刚满月，刚满月的孩子是不能够不停地流出眼泪的，显然这位少妇说的孩子的年龄有假。王红正是由此断定这个少妇不是婴儿的亲生母亲，而是拐卖婴儿的人。

260．答案如下：

因为旅行包上写着"柯南·道尔"的名字，可见，车夫多半是由此认出他的。

261．答案如下：

陌生男子开始表示是不懂中文的，但是当警卫用中文告诉他可以进市政大厦时，他马上就听懂了并径直往电梯走，因此警卫推知他的身份有诈。

262．答案如下：

女孩使用了自制的指南针。女孩将小别针在衣服上用力摩擦着，使得别针产生了磁性，再将别针在鼻子尖和额头处蹭几下沾上点油，然后轻轻放于岩石的水坑中。由于皮肤油与水的表面张力，小别针很快就在水面上漂浮起来。这时候，别针尖就会呈半圆状慢慢晃动几下后停住，别针尖指的方向就是北，知道了北，其他的方向也就清楚了。

263．答案如下：

两个武士分别为甲、乙。智者向甲提出问题："请告诉我，乙将如何回答他手里拿的是美酒还是毒酒这个问题？"

如果甲说乙回答他手上拿的是毒酒，则事实上乙手里拿的肯定是美酒。因为如果甲说真话，则事实上乙确定回答他手里拿的是毒酒，又因为此情况下乙说假话，所以事实上乙拿的是美酒；如果甲说的是假话，那么事实上乙回答的是他手中拿的美酒，又因为此情况下乙说真话，所以事实上乙拿的是美酒。也就是说，不管甲乙两人谁说真话谁说假话，只要智者得到的回答是乙手里拿的是毒酒，则事实上乙手里拿的肯定是美酒。

同理，如果甲说乙回答他手里拿的是美酒，那么事实上乙手里的肯定是毒酒。

智者设计的这个问题，妙就妙在他并不需要知道两个武士谁说真话谁说假话，就能确定得到的一定是假的答案。因为如果甲说真话，乙说假话，那么情况就是甲把一句假话真实地告诉了智者，智者听到的是一句假话；如果甲说假话，乙说真话，那么甲就把一句真话变成假话告诉智者，智者听到的还是一句假话。总之，智者听到的总是一句假话。

264．答案如下：

根据气流流动的科学原理，在列车行进时打开窗户，放在桌子上的纸张不可能被吹出窗外，只可能吹落在车厢内。即使是朝窗外丢东西，都有可能被吸回车厢内。因此，图纸失踪是达尔西捏造的。而且，即便是被风吹走，只吹走最重要的3张的概率也微乎其微。所以，图纸失踪根本就是达尔西编造的谎话。

265．答案如下：

啤酒会喷出来，说明皮包曾经有过剧烈的晃动，但是嫌疑犯说那是他的朋友在晚饭时间留下的，而警官前来询问的时候已经是深夜，所以疑犯所说的是假的，那皮包不是他的朋友留下的。

266．答案如下：

卡尔并没有提到纸条的事情，女管理员却自己说漏了嘴，可见她偷了画，写了纸条。

267．答案如下：
放哨的人是酒鬼。酒是不会结冰的，除非瓶中装的不是酒而是水。一个清醒的人为什么要假装喝醉，在街上闲逛呢？很显然，他就是那个放哨的人。

268．答案如下：
如果这个烛台是1962年就被埋在山洞里的话，它应该是锈迹斑斑，而不是熠熠生辉。

269．答案如下：
他躲进了关那只老虎的笼子里。既然老虎逃出了笼子，它就不会再愿意回到笼子里去。

270．答案如下：
停电和门铃没关系。别墅的门铃是电池式的，与停电没有关系，只要电池没有用完，门铃应该是响的。因为用的是亲戚家的别墅，所以这个嫌疑犯没有注意到门铃是用电池的。